Jón Svensson
Nonni auf Island

Jón Svensson

NONNI AUF ISLAND

Herder
Freiburg · Basel · Wien

Neben „Nonni auf Island"
sind im Verlag Herder folgende Ausgaben
des Kinderklassikers „Nonni" von Jón Svensson lieferbar.

„Nonni – Erlebnisse eines jungen Isländers
von ihm selbst erzählt"
ISBN 3-451-17958-X

„Nonni in der Stadt am Meer"
ISBN 3-451-19722-7

Das Buch zur Fernsehserie:
Jón Svensson/Georg Telemann
„Nonni und Manni – Die Jungen von der Feuerinsel"
ISBN 3-451-21356-7

Einbandgestaltung: Zembsch' Werkstatt
unter Verwendung einer Illustration von Walter Grieder

Illustrationen: Walter Grieder

Neuausgabe 4. Auflage

Die Erzählungen wurden folgenden Werken
von Jón Svensson entnommen:
Aus Island
Auf Skipalón
Sonnentage
Die vorliegende Fassung ist leicht überarbeitet von Rosemarie Kähler

Alle Rechte vorbehalten – Printed in Germany
© Verlag Herder Freiburg im Breisgau 1979
Herstellung: Freiburger Graphische Betriebe 1989
ISBN 3-451-18987-9

Inhalt

Nonni und Manni in den Bergen

Der Mann vom Berge

Was ich hier erzähle, begab sich in meiner frühesten Jugend auf dem Gut Mödruvellir in Nordisland.

Meine ältere Schwester Bogga, mein jüngerer Bruder Manni und ich durchstreiften oft die hohen Berge, die in der Nähe des Gutes lagen. Auf diesen Wanderungen erlebten wir allerlei Abenteuer. Selten haben wir aber etwas so Merkwürdiges erlebt wie das, was ich jetzt erzählen will.

Eines Tages war ich mit Bogga und Manni draußen auf den Wiesen vor unserem Hof.

Wir suchten eifrig nach Blumen, die hier überall auf dem herrlichen, samtweichen Grasteppich schimmerten.

Es war nämlich der Geburtstag unserer Großmutter, und wir wollten einige der schönsten Blumen in ihre silberweißen Haare stecken.

Bogga und ich hielten uns beisammen. Manni aber, der einem bunten Schmetterling nachgesprungen war, rief auf einmal mit seiner hellen Stimme zu uns herüber:

„Bogga! Nonni! Schaut dort – dort hoch oben zwischen den Felsen muß jemand sein! – Ich sehe dort einen schwarzen Punkt, der sich bewegt."

7

Bogga und ich schauten beide hinauf, konnten aber nicht das geringste entdecken.

Ich lief zu Manni hin.

„Manni, wo ist denn der schwarze Punkt, von dem du sprichst? Ich sehe nichts."

„Kannst du ihn wirklich nicht sehen?" erwiderte Manni verwundert. „Ich sehe ihn doch deutlich. – Schau mal, jetzt bewegt er sich bergab, rechts von den lotrechten Felsen – ganz hoch dort droben!"

Er versuchte mir genau die Richtung anzugeben, wohin ich schauen sollte.

„O ja! – Jetzt sehe ich ihn auch!" rief ich – „Was wird das sein? Ein Tier – oder ein Mensch?"

Inzwischen hatte auch Bogga das merkwürdige Ding entdeckt.

„Ich glaube fast, es ist ein Pferd", sagte sie.

Manni, der von uns dreien die schärfsten Augen hatte, erwiderte:

„Nein, ein Pferd ist es nicht. Ich bin ganz sicher, es ist ein Mensch."

Wir schauten nun alle drei genau hin. Das schwarze Ding, das nicht größer schien als ein winziger Punkt, bewegte sich ganz langsam, aber immerfort abwärts.

Da sagte Bogga:

„Ich kann nicht begreifen, was dieser Mensch dort oben zu tun hat – wenn es überhaupt ein Mensch ist! – Es gibt ja gar keine Wege so hoch oben."

„Ja, das ist wahr, Bogga", stimmte ich ihr zu, „es ist wirklich sehr eigenartig."

„Vielleicht ist ihm sein Reitpferd entlaufen", bemerkte Manni.

Wir traten unterdessen zu einem mit Moos bedeckten Stein, der in der Nähe war, und setzten uns.

Der geheimnisvolle Wanderer blieb beständig sichtbar. Er stieg immer weiter abwärts.

„Wo der wohl hin will?" war Mannis nächste Frage.

„Ich glaube", sagte Bogga, „er kommt zu uns. Vielleicht zum Übernachten."

„Das wäre schön!" rief Manni. „Dann könnten wir ihn ja richtig über seinen Weg ausfragen und wie es dort oben aussieht. So hoch sind wir noch nie gewesen."

„Wie lang wird er wohl brauchen, bis er da herunterkommt?"

„In einer guten Stunde", meinte Bogga, „ist er sicher hier." – Als wir wieder nach dem Mann Ausschau hielten, war er auf einmal verschwunden. Die Stelle, an der wir ihn zum letztenmal gesehen haben, lag ungefähr in der Mitte des gewaltigen Bergabhanges.

„Das kann lange dauern", sagte Bogga, „bis man ihn wieder sieht. Ich meine, wir gehen rasch heim und erzählen es."

Wir sprangen auf, liefen nach Haus und stürmten den langen Gang, der zur Wohnstube führte. Wir mußten es unbedingt der Mutter erzählen, denn ein fremder Mensch, zudem einer, der von den Bergen kommt, ist für einen einsam gelegenen Islandhof etwas ganz Seltenes.

Die Mutter saß gerade am offenen Fenster und strickte.

„Mutter!" rief Bogga sogleich, „es kommt ein Mann den westlichen Berg herunter."

„Und ich habe ihn zuerst gesehen, Mutter", versetzte der kleine Manni.

„Das wird einer von den Hirten des Amtsmanns Havstein sein", sagte die Mutter.

„Nein, Mutter, das kann nicht sein", bemerkte ich darauf, „er kommt von ganz oben, von der höchsten Spitze herab."

„Von der höchsten Spitze? Nein, das ist doch kaum möglich; so hoch geht man nie."

„Aber Mutter, das ist ja gerade das Merkwürdige dabei", sagte Bogga. „Er kommt wirklich von ganz oben herunter. Und er ist zu Fuß."

„Und ich war der erste, der sah, daß es ein Mann ist", rief der kleine Manni wieder, denn er war sehr stolz darauf. „Bogga meinte, es sei ein Pferd."

Die Mutter lächelte und strich ihm mit der Hand über das helle Haar. Dann erhob sie sich rasch und sagte: „Ich will selbst nachschauen."

Wir gingen mit ihr hinaus und stiegen auf eine kleine Anhöhe hinter dem Hofe. Von dort war die Aussicht nach Westen frei.

„Schau, Mutter, schau! Da ist er wieder!" rief Manni eifrig.
Die Mutter suchte eine Weile in der bezeichneten Richtung
und sagte dann:
„Du hast recht, Manni; jetzt sehe ich den Mann auch."
Bogga und ich hatten ihn auch wiedergefunden.
Wir betrachteten nun alle den seltsamen Wanderer. Seine Ge-
stalt war schon viel deutlicher geworden.
Da sagte die Mutter:
„Weiß Gott, ob es nicht am Ende der unglückliche Haldor
Helgason von Borg ist!"
Uns Kindern fuhr bei diesem Namen ein Schauer durch die
Glieder.
„Haldor Helgason von Borg!" wiederholte Bogga überrascht.
„Meinst du wirklich, Mutter, er könnte es sein?"
„Wer weiß! – Er lebt schon seit ein paar Wochen dort oben in
den Bergen."
Die Mutter ging darauf mit Bogga wieder ins Haus, Manni und
ich blieben draußen. Wir wollten warten, bis der fremde Mann
näher käme.
„Es wäre doch schrecklich", begann nun mein kleiner Bruder,
„wenn es wirklich der Haldor wäre."
„Ja, Manni. Aber ich kann nicht recht glauben, daß er es ist."
„Ist es wahr, Nonni, daß er Menschen totgeschlagen hat?"
„Ja, einen hat er ums Leben gebracht. Er hat es aber wahr-
scheinlich nicht mit Absicht getan."
„Erzähle mir, Nonni, wie das war!"
„Es ist jetzt schon einige Wochen her. Haldor war mit vielen
anderen Leuten bei einer Hochzeit, drüben auf der anderen
Seite des Berges, in den südwestlichen Tälern.
Als die jungen Leute schon etwas betrunken waren, geriet er
in Streit mit einem der Gäste, einem jungen Mann, der Völund
hieß. Es kam zu einer Schlägerei zwischen den beiden. Es ge-
lang aber, sie zu trennen.
Da rief Haldor, er werde den Völund in der Nacht umbringen.
Und wirklich, das Haus, wo Völund schlief, brannte in derselben Nacht nieder. Völund selbst ist nicht verbrannt, aber ein
anderer Mann kam in den Flammen um.
Das ist die ganze Geschichte."

10

„Wurde denn der Haldor nicht gleich eingesperrt?"

„Das sollte er. Aber als man ihn festnehmen wollte, war er schon in die Berge entflohen. Und seither lebt er dort als Geächteter."

„Warum holt man ihn denn nicht herunter?"

„Man hat schon öfters Leute ausgeschickt, um nach ihm zu suchen. Sie haben auch Spuren von ihm gefunden. Ihn selbst hat aber noch keiner entdeckt."

„Das kann ich nicht verstehen, Nonni. Wenn sie doch die Spur von ihm haben, dann muß man ihn doch finden."

„Das ist nicht so leicht, wie du meinst, Manni. Er versteckt sich in den Felsenhöhlen! Und man sagt auch, er habe Freunde, die ihm helfen."

„Freunde hat der Haldor? – Wie kann er Freunde haben, wenn er einen Menschen totgeschlagen hat?"

„Das weiß ich auch nicht, Manni. – Es soll sogar Leute geben, die ihn sehr gern haben. Er soll ein guter Mensch gewesen sein; das Verbrechen habe er nur begangen, weil er betrunken war."

„Ach, der arme Haldor!"

„Ja, Manni, es muß schrecklich sein, ganz allein dort oben in den Bergen zu leben."

„Wie wird es ihm aber im Winter ergehen, wenn alle Berge von Schnee und Eis bedeckt sind?"

„So lange wird er wohl nicht hier im Lande bleiben. Man sagt, er werde versuchen, mit einem fremden Schiff nach England zu fliehen. Die Engländer haben viele Schiffe und brauchen dafür immer Matrosen. Andere Geächtete haben es vor ihm auch schon so gemacht."

„Aber warum kommt er wohl jetzt hierher?"

„Das weiß ich nicht. – Vielleicht ist er es auch gar nicht. Es kann ja sonst irgendein Mann sein."

Wir schauten wieder nach dem geheimnisvollen Wanderer aus, der jetzt schon viel näher gekommen war.

Gerade rutschte er über eine Geröllhalde herunter und watete nun eilig durch das blühende Heidekraut – genau auf unseren Hof zu!

Manni wurde unruhig. Er kam ganz nahe heran und faßte mich am Arm.

11

Dann sagte er etwas verlegen:

„Nonni, wollen wir nicht lieber hineingehen?"

Ich merkte gleich, daß er keine besondere Lust hatte, mit dem Fremden zusammenzutreffen, und versuchte daher, ihn zu beruhigen:

„Aber, Manni, es ist ja gar nicht sicher, daß es der Haldor Helgason ist."

„Die Mutter meinte aber doch, er könnte es sein."

„Sie meinte es, aber sie konnte es nicht sicher sagen. Glaubst du denn, der Haldor würde es wagen hierherzukommen? Er könnte ja gleich festgenommen werden."

Damit gab sich Manni wieder zufrieden.

Der fremde Mann hatte schon das Heidekrautfeld durchquert und erreichte jetzt das „Tún", die Rasenfläche, die sich rings um den großen Hof weithin ausdehnte.

Er blieb stehen und schaute sich um nach einem Pfad, der zum Hof führte.

Er fand ihn bald droben bei den Schafställen, und nun kam er rasch auf uns zu.

Manni flüsterte wieder:

„Ich glaube, ich gehe doch lieber hinein!"

Ich legte ihm den Arm auf die Schulter und drückte ihn an mich:

„Bleib nur ruhig hier, Manni. Er wird uns sicher nichts tun."

So ließen wir den Fremden an uns herankommen.

Es war ein junger Mann. In der linken Hand trug er einen langen Holzstab mit eiserner Spitze, über der Schulter hatte er ein Gewehr hängen.

Einen Schritt vor uns blieb er stehen, schaute uns aufmerksam an und reichte uns die Hand.

„Guten Tag, Jungen!"

„Guten Tag!"

„Sind eure Eltern zu Hause?"

„Ja, die Mutter ist da."

„Und der Vater?"

„Er ist nicht zu Hause."

„Wo ist er?"

Ich zeigte mit der Hand nach dem großen steinernen Haus südlich vom Hof und sagte:

12

„Er ist drüben auf der ‚Friedrichsgabe' beim Amtmann Havstein."

„Wie heißt ihr?"

„Nonni und Manni."

„So. – Sag mal, Nonni, glaubst du, daß ich auf dem Hof die Nacht zubringen könnte?"

„Ich will die Mutter fragen. Aber wollen Sie mir erst bitte Ihren Namen sagen?"

Der Fremde schaute uns einen Augenblick an, als ob er sich etwas überlegte. Dann sagte er:

„Ich heiße – Harald Helgason."

Unwillkürlich gingen wir einen Schritt rückwärts. Wir konnten vor Schreck kein Wort mehr sprechen.

Der Mann sagte jedoch freundlich lächelnd:

„Ihr braucht keine Angst vor mir zu haben. Ich bin nicht der, den ihr meint."

Wir atmeten auf.

„Sind Sie denn nicht der Geächtete?" fragte Manni zaghaft.

„Nein, kleiner Freund. Der Geächtete heißt Haldor, ich heiße Harald. Wenn ich der Geächtete wäre, dann wäre ich nicht hierhergekommen."

„Wo wohnen Sie?" fragte ich.

„Ich wohne im großen Tal jenseits der Berge."

„Kennen Sie Haldor Helgason von Borg?"

„Ja, ich kenne ihn gut. Haldor und ich sind Zwillingsbrüder."

Manni und ich traten unwillkürlich wieder einen Schritt zurück, doch war unsere Angst nicht mehr so groß wie vorher.

Wir musterten ihn mit einem scheuen Blick von oben bis unten, dann fragte ich:

„Wo ist Ihr Bruder jetzt?"

„Das weiß niemand mit Sicherheit. Man sucht immer noch nach ihm." –

Ich flüsterte Manni zu:

„Lauf hinein zur Mutter und sag ihr, der Mann vom Berge ist gekommen, er möchte für die Nacht bei uns bleiben."

Manni lief hinein.

Nach ein paar Minuten kam er mit der Mutter wieder heraus.

Harald grüßte die Mutter und sagte:

„Guten Tag, Frau. Dürfte ich wohl hierbleiben für die Nacht?"

„Gewiß, kommen Sie nur herein."

Im Vorraum vor dem Hausgang sagte ich zu Harald:

„Bitte, geben Sie mir ihren Stab."

Er reichte mir sogleich den schweren Stab, der viel länger als ich war. Ich stellte ihn in eine Ecke neben der Tür.

„Sie können mir auch Ihr Gewehr geben", sagte ich weiter.

„Danke, kleiner Freund, es ist nicht nötig; ich behalte es immer bei mir."

Wir führten nun Harald in die Wohnstube, wo Bogga auf uns wartete.

Er ging gleich zu ihr hin, gab ihr die Hand und sagte:

„Guten Tag!"

„Guten Tag!" erwiderte Bogga und bat ihn, an einem kleinen Tisch Platz zu nehmen.

Harald dankte, stellte das Gewehr an die Wand und setzte sich.

Jetzt sagte die Mutter zu ihm:

„Darf ich Sie um Ihren Namen bitten?"

„Entschuldigen Sie, Ihre Jungen wurden eben durch ein Mißverständnis etwas erschreckt, als ich ihnen meinen Namen sagte. Ich will deshalb gleich bemerken, daß ich nicht der geächtete Haldor Helgason bin. Ich heiße Harald Helgason und bin ein Zwillingsbruder des unglücklichen Haldor."

Die Mutter lächelte und sagte:

„Und wenn Sie auch wirklich der Haldor wären, so hätten wir doch wohl keinen Grund, uns zu fürchten."

„Darin haben Sie recht", erwiderte er. „Haldor ist ein guter Mensch gewesen."

„Sie scheinen weither gekommen zu sein. Wir sahen Sie die hohen westlichen Berghänge heruntersteigen."

„Ja, ich komme direkt von Borg."

„Sie suchen wohl nach Pferden und Schafen?"

„Nein, Frau", entgegnete Harald lächelnd, „ich suche nach etwas ganz anderem."

Manni und ich rückten näher heran, um besser zu hören.

Harald fuhr fort:

14

„Ich gehöre zu einem Streifzug von zehn Mann, die heute ausgeschickt worden sind, diese Berge abzusuchen."

„Warum wollen Sie die Berge absuchen?" fuhr es Manni heraus.

„Wir wollen nach meinem unglücklichen Bruder suchen", erwiderte Harald.

„Und Sie haben den Berg durchstreifen müssen, von dem wir
Sie herunterkommen sahen?" fragte die Mutter.

„Ja, Frau. Man glaubte, mein Bruder habe sich vielleicht in einer der zahlreichen Felsenhöhlen dort oben niedergelassen,
und da sollte ich ihm nachspüren."

„Sie sagten, Sie seien zehn."

„Jawohl. Jeder von uns ging für sich allein. Meine Kameraden
haben sich auf die übrigen Berge verteilt."

„Haben Sie schon eine Spur von Ihrem Bruder gefunden?"
fragte die Mutter und schaute ihm fest ins Gesicht.

„Nein, Frau", antwortete der junge Mann, indem er den Blick
senkte und auf seine Füße schaute, „ich habe keine Spur von
ihm gefunden."

„Aber wie können Sie dabei helfen, Ihren eigenen Bruder zu
fangen?"

„Ich tue es, weil ich überzeugt bin, daß es für ihn selbst am besten wäre, wenn seine Sache vor Gericht käme. Sie würden ihn
sicher freisprechen oder gäben ihm nur eine geringe Strafe. Er
hat ja in betrunkenem Zustand gehandelt und wußte nicht, was
er tat."

Die Mutter unterbrach jetzt das Gespräch:

„Sie werden wohl müde sein und Stärkung nötig haben. Ich
gehe hinaus und hole Ihnen etwas zu essen. Ich komme bald
wieder."

Die Mutter verließ die Stube, Bogga ging mit ihr. Manni und
ich blieben bei unserem Gast. Wir wollten noch mehr von ihm
wissen.

„Wie sieht der Haldor aus?" fragte Manni.

„Er sieht genauso aus wie ich", entgegnete Harald lächelnd,
„er ist ja ein Zwilling zu mir."

„Und wie ist er angezogen?"

„Als er floh, hatte er eine dunkelblaue Jacke mit vergoldeten

Knöpfen an. Außerdem hatte er einen großen breitrandigen Hut auf."

„Dann kennen wir ihn, wenn wir ihm einmal begegnen."

„Schon möglich, aber ihr werdet ihn wohl kaum zu sehen bekommen."

„Glauben Sie, daß es gefährlich wäre, wenn man mit ihm zusammenträfe?" fragte Manni immer weiter.

„Bestimmt. Er wird sich kräftig gegen jeden wehren, der es versuchen sollte, ihn festzunehmen."

„Ist er sehr stark?"

„Ja, gewaltig stark", sagte Harald und schaute den Kleinen wieder lächelnd an.

Manni atmete auf. „Dann ist es gut", meinte er, „daß er weit von uns weg ist."

Nach einer Weile fing Manni wieder an:

„Haben Sie auch Beeren oben auf dem Berg gefunden?"

„Ja, Kleiner, aber sie sind noch nicht reif."

„Was für Beeren wachsen dort ganz hoch oben?"

„Ganz oben wachsen keine Beeren, aber etwas weiter unten an den Berghängen wachsen kleine, süße Erdbeeren, Heidelbeeren und Rauschbeeren. – Da wird jetzt bald alles rot und blau und schwarz sein vor lauter Beeren."

„Nonni!" rief Manni nun ganz begeistert, „da müssen wir einmal hinauf!"

„Ja, Manni", stimmte ich ihm bei, „das tun wir einmal." Manni rückte ganz nahe zu Harald hin und bat ihn, er möge doch erzählen, was man vom Berg aus alles sehen könne.

Harald erzählte:

„Man sieht Berge und Täler und herrliche Landschaften nach allen Seiten, steile Felsen und grüne Hügel und Höhlen und Schluchten und Flüsse und Bäche, unzählige schöne Bergblumen auf den Halden, und dann im Nordosten den großen, blauen Atlantischen Ozean."

„Oh, daß muß herrlich sein!" rief Manni. „Nicht wahr, Nonni, wir gehen auch einmal hinauf?"

„Ja, Manni, das machen wir bestimmt."

„Und was gibt es noch auf dem Berg?" fragte Manni schon wieder.

„Es gibt viele Tiere, besonders Schafe und Pferde und wilde Stiere – vor denen muß man sich aber in acht nehmen! Und Füchse gibt's und eine Menge Vögel."

Jetzt wurde die Tür aufgemacht, die Mutter und Bogga kamen herein mit einem kräftigen Essen für unseren Gast.

Harald machte das Kreuzzeichen, wie es Brauch ist auf Island, und betete ein kurzes Tischgebet. Dann ließ er es sich gut schmecken.

Als er mit dem Essen fertig war, wandte er sich zur Mutter:

„Frau, ich hätte noch eine Bitte. – Ich möchte morgen in aller Frühe fort; ich wäre darum froh, wenn ich mich bald zur Ruhe legen dürfte."

„Das können Sie, wann Sie wollen", erwiderte die Mutter. – „Bogga, geh und mach das Bett in dem kleinen Gastzimmer oben zurecht."

Bogga ging hinauf.

Die Mutter wandte sich wieder an Harald:

„So wollen Sie jetzt schlafen gehen? – Haben Sie noch einen Wunsch?"

Harald erwiderte etwas zögernd:

„Einen noch, Frau, wenn ich bitten darf. – Auf dem Hof braucht niemand zu wissen, daß ich hier bin, nicht wahr?"

Die Mutter schaute Harald fragend an.

Auch Manni und mir fiel diese seltsame Bitte auf.

Harald merkte unsere Verwunderung.

„Sie werden mich wohl verstehen: Es ist peinlich für mich, wenn ich über meinen Bruder ausgefragt werde. Deswegen gehe ich in fremden Orten den Leuten soviel wie möglich aus dem Wege. – Hoffentlich nimmt es bald ein Ende."

Diese Erklärung beruhigte uns.

Die Mutter führte nun Harald auf sein Zimmer. Manni und ich gaben ihm die Hand und sagten ihm gute Nacht.

Am anderen Morgen, als Manni und ich aufstanden, hatte Harald den Hof bereits wieder verlassen.

Den Leuten auf Mödruvellir war sein Kommen und Gehen nicht weiter aufgefallen. Der Hof war ja groß.

Mein kleiner Bruder und ich konnten aber den Besuch Haralds nicht mehr vergessen.

Die Schönheiten des mächtigen Berges, von denen er uns erzählte; der Blick auf das Meer, die Felsen und Blumen, die Tiere, die dort oben lebten ... ja und ganz im stillen lockte uns auch das Geheimnis um den Geächteten, der doch vielleicht dort oben hauste.

Wir sprachen an den folgenden Tagen kaum mehr von etwas anderem als von unserem Ausflug.

Wohl waren wir schon oftmals auf den Abhängen und Halden der westlichen Berge herumgestreift, aber noch nie waren wir höher gekommen als bis zu den steilen Felswänden am Fuße des höchsten Berges.

Doch jetzt wollten wir einmal zum Gipfel hinauf, dorthin, wo die Felsen in die Wolken ragen!

Auf das Gerede von den Gefahren, die uns vom Berg und auch von dem Geächteten drohen könnten, achteten wir nicht. Zunächst aber hielten wir unseren Plan noch geheim. Wir wollten auf einen besonders schönen Tag warten. Dieser kam bald. Die Luft war hell und klar, und die Sonne strahlte heiter und warm.

Manni und ich liefen am Morgen gleich hinaus und schauten nach dem Berg: sein hoher Gipfel schien viel näher als sonst, wir sahen die Felsen ganz deutlich.

Manni war deshalb rasch entschlossen:

„Hör, Nonni, wollen wir nicht gleich jetzt gehen? Der Weg hinauf ist ja gar nicht so lang."

Ich warf einen Blick nach allen Seiten, ob niemand in der Nähe sei, der uns hören könnte. – Ich sah niemand. Der Vorsicht halber gingen wir aber doch vom Hof weg auf eine kleine Anhöhe. Dort setzten wir uns auf einen Stein und berieten weiter.

Manni blieb dabei, daß wir sofort aufbrechen sollten. Ich aber entgegnete ihm:

„Das ist schon recht, Manni. Aber weißt du was? Wenn wir ganz hinaufkommen wollen zum Gipfel, dann müssen wir doch eigentlich den ganzen Tag haben, und dann heißt es früh aufstehen. – Ich meine daher, wir warten lieber bis morgen."

„Nein, nein!" rief er lebhaft aus. „So lange dürfen wir nicht warten. Heute ist es so schön!"

„Deswegen, Manni, können wir ruhig warten. Das Wetter ist morgen sicher ebenso schön wie heute."

Manni seufzte und sagte:

„Aber wenn wir dann nicht gehen dürfen?"

„Da hab nur keine Angst!" tröstete ich ihn. – „Allerdings, die Mutter müssen wir um Erlaubnis bitten."

Manni zog an seinem Ohrläppchen – das tat er immer, wenn er verlegen war – und sagte:

„Das wird das schwierigste von allem werden."

„Ja, das glaube ich auch."

„Dann ist es das beste, Nonni, wenn du sie um Erlaubnis bittest."

„Das will ich gern tun. – Komm, wir gehen gleich jetzt zu ihr."

„Gut", sagte Manni, indem er aufsprang. „Aber sag ihr ja nicht, daß wir ganz hinauf zur Spitze wollen, denn sonst läßt sie uns nicht fort."

„Du hast recht, Manni, ich werde ihr kein Wort davon sagen."

Daß wir auf diese Weise gegen unsere Mutter unrecht handelten, daran dachten wir nicht.

„Was wirst du aber der Mutter sagen, Nonni, damit sie nichts merkt?"

„Oh, ich frage sie nur, ob wir auf den Berg gehen dürfen, um Beeren zu suchen. – Wenn sie ja sagt, dann können wir draußen bleiben, solange wir wollen, und wir können auch so hoch hinaufsteigen, wie es uns gefällt."

„Ja, so mußt du es machen…"

Wir gingen also beide zur Mutter hinein.

Sie war eben allein in der Speisekammer. Der Vater war zum Glück nicht da.

„Mutter", begann ich, „Manni und ich möchten morgen gern

einen Ausflug auf den Berg machen und möchten drum etwas
früher aufstehen. – Du hast doch nichts dagegen, Mutter?"
„Nein, dagegen habe ich nichts, Kinder – das heißt, wenn das
Wetter gut ist."
Manni freute sich dermaßen, daß er aufsprang und der Mutter
um den Hals fiel.
Damit hätte er uns aber beinah verraten!
Die Mutter wunderte sich nämlich über einen so ungestümen
Ausbruch der Freude und fragte, indem sie uns beide an-
schaute:
„Aber was habt ihr denn eigentlich vor auf dem Berg?"
„Wir wollen Heidelbeeren suchen."
„Heidelbeeren?! – Aber Kinder, jetzt gibt es ja noch gar keine
Heidelbeeren! Sie sind nicht reif, es ist noch zu früh."
Ich schaute Manni, der schon an seinem Ohrläppchen zupfte,
verlegen an.
Doch ich faßte mich gleich wieder und sagte:
„Einige sind aber vielleicht doch schon reif, Mutter, und dann
haben wir auch noch manch anderes vor auf dem Berg."
„So, was denn?"
Manni, der meinen Fehler wieder gutmachen wollte, antwor-
tete eiligst:
„Wir wollen nach Höhlen und Schluchten und Kobolden su-
chen; die möchten wir einmal sehen."
Die Mutter lachte.
„Aber, mein kleiner Manni, dann glaub ich, es wäre besser, du
bliebest zu Hause. Am Ende fällst du mir in eine dieser
Schluchten hinab, oder es holen dich die Bergkobolde, und
dann könntest du ja nie mehr zu mir heim!"
Manni ließ sich nicht irremachen; er schlang seine Arme wieder
um den Hals der Mutter und sagte:
„Ach, Mama, du mußt nicht bange sein. Ich werde schon aufpassen, daß ich nirgends hinunterfalle, und wenn wir Berggeistern begegnen, dann laufe ich ihnen davon, daß sie mich nicht
packen können. – Sei nun gut, und laß uns gehen."
Die Mutter mußte wieder lachen.
„Aber warum", sagte sie, „seid ihr darauf versessen, so früh
aus dem Hause zu kommen?"

20

„Wir wollen auch nach Bergblumen suchen", antwortet ich;
sie sind immer so schön am Morgen in der Frühe."
„Ihr habt doch sonderbare Einfälle. – Ich glaube, es wäre gut,
wenn Bogga mitginge. Sie wird auf euch achtgeben können;
sonst, fürchte ich, lauft ihr zu weit."
Mit unserem Plan wurde es immer schlimmer. Manni und ich
sahen einander bestürzt an.
Bogga mit! – Aber um Himmels willen, dann war ja das Ganze
verdorben!
Ich fiel deshalb gleich wieder ein:
„Dürfen wir nicht lieber allein gehen, Mutter? – Wenn Bogga
mitgeht, nimmt sie sicher wieder kleine Mädchen mit. Die können nicht schnell laufen; sie bleiben mit ihren langen Kleidern
immer hängen, und dann kommt man gar nicht vorwärts. Die
Mädchen sollen nur dableiben, ich und der Manni gehen viel
lieber allein."
Die Mutter lächelte wieder ein wenig. Schließlich gab sie doch
nach:
„Nun ja, meinetwegen könnt ihr morgen früh gehen. Aber
kommt nicht zu spät nach Hause!"
Wir dankten der Mutter, und damit sie die Erlaubnis nicht wieder zurückziehen konnte, eilten wir gleich hinaus ins Freie. Wir
hatten nämlich kein ganz reines Gewissen.
Dort wurden die Einzelheiten des Ausfluges besprochen. Das
mußten wir tun, denn wir hatten ja eine ganze Tagesreise vor.
Ich fragte meinen kleinen Bruder:
„Glaubst du, Manni, du wirst es aushalten, so weit und so lange
bergauf zu gehen?"
„O ja, das kann ich ganz leicht", erwiderte er lebhaft. „Ich
kann ja sonst auch den ganzen Tag laufen und springen und
werde dabei nicht müde. Und bin ich nicht schon oft auf den
Bergen gewesen?"
„Ja, Manni, das stimmt. – Vielleicht finden wir auch droben irgendwo ein Pferd, dann können wir einen Teil des Weges reiten. Ich nehme noch eine Schnur mit, daß wir einen Zügel davon machen können."
„Daran hätte ich nicht gedacht, Nonni. – Ha, das wird fein!"
sagte Manni ganz begeistert.

„Du hast also nichts gegen das Reiten?"
„Wie kannst du so was fragen! Das ist ja das beste von allem."
„Dann müssen wir auch einige Butterbrote in die Tasche stek-
ken. Wir haben sonst den ganzen Tag nichts zu essen."
„Ach, das brauchen wir nicht", meinte Manni abwehrend. „Ich
kann gut einen Tag aushalten, ohne zu essen."
„Nein, Manni, wir wollen doch lieber etwas Brot mitnehmen.
Aber viel wichtiger ist, ob wir von dem weiten Weg auch früh
genug nach Hause kommen. – Die Mutter würde uns sicher
böse werden, wenn wir zu lange ausblieben!"
Manni aber meinte: „Da hab keine Angst, Nonni. Wir stehen
früh auf, und dann laufen wir, so schnell wir können, den Berg
hinauf. Eine Strecke reiten wir, dann werden wir bald droben
sein. Oben setzen wir uns auf die Spitze und essen unsere Butterbrote. Dann gehen wir wieder nach Hause." Das war Mannis Plan, und so wollten wir es auch machen.

Der Aufstieg

In der Nacht wurde ich plötzlich wach.
Es war mondhell. Ich sah nach der Uhr: der Zeiger stand zwi-
schen drei und vier.
Ich erhob mich leise und ging an das Bett meines kleinen Bru-
ders.
Manni schlief noch fest.
Als ich ihn anrührte, machte er aber gleich die Augen auf. Er
richtete sich etwas empor und schaute mir schlaftrunken ins
Gesicht. Dann lächelte er mich an, rieb sich den Schlaf aus den
Augen und griff nach seiner Hose.
Ich sagte nun ganz leise zu ihm: „Gib gut acht, Manni,
mach ja kein Geräusch. Wenn jemand wach wird, müssen wir
wieder ins Bett, und dann kommen wir nicht bis zum Gipfel
hinauf."
Manni kleidete sich vorsichtig an, und so brachten wir es wirklich fertig, unsere Kammer zu verlassen, ohne daß wir jemand
aufweckten. Wir gingen vorsichtig die Treppe hinunter und gelangten durch den langen, finsteren Gang zur Haustür. Jetzt

mußten wir im Vorraum noch an Fidel, unserem Haushund, vorbei.

Er lag schlafend in einer Ecke und rührte sich nicht; als wir kamen, hob er aber sofort den Kopf. Wir sprachen ihn flüsternd an. Er gähnte und streckte dabei die Zunge so weit aus dem Maul, daß wir kaum ein Lachen unterdrücken konnten. Dann stand er langsam auf.

Wie er aber sah, daß wir die Haustür öffneten, wurde er mit einemmal munter und lebendig. Er sprang sofort hinaus und hüpfte vor Freude bald an mir und bald an Manni hinauf. Wir hatten alle Mühe, ihn so weit zu beruhigen, daß er wenigstens nicht laut bellte.

Als wir den Hof glücklich hinter uns hatten, eilten wir auf dem Pfad, auf dem einige Tage vorher Harald Helgason zu uns gekommen war, durch das große Tún.

Wir liefen, so schnell wir konnten, denn es war immer noch möglich, daß sich ein Fenster auftat und wir von Vater oder Mutter zurückgerufen wurden.

In Sicherheit fühlten wir uns erst, als wir die Schafställe der Túngrenze erreicht hatten.

Dort mußten wir anhalten. Wir waren nämlich schon ganz außer Atem, und Manni hatte Herzklopfen.

Von den Schafställen ab gingen wir langsamer.

Mir fiel wieder ein, daß Manni tags zuvor gesagt hatte, wir wollten den ganzen Weg schnell laufen, und nun sagte ich zu ihm: „Manni, ich glaube nicht, daß wir den höchsten Berggipfel so schnell erreichen, wie du gestern gemeint hast."

„Jetzt glaube ich es auch nicht mehr", antwortete Manni kleinlaut und noch ganz außer Atem. – „Es macht aber nichts", fügte er hinzu, „wir werden doch hinaufkommen."

Wir strengten uns mächtig an und stiegen, ohne anzuhalten, die bereits steile Berghalde hinauf.

Fidel lief beständig voraus. Oft, wenn er schon sehr weit war, kam er wieder zurück, oder er machte kleine Abstecher nach links oder rechts von unserem Weg. Er schien gar nicht müde zu werden.

Nach ungefähr einer Stunde blieb Manni auf einmal stehen und sagte: „Nonni, meinst du nicht, wir sollten etwas ausruhen?"

Gleichzeitig setzte er sich auf einen großen flachen Stein, der aus dem sandigen Boden ragte.

„Hast du wieder Herzklopfen, Manni?"

„Ja, und ich bin so müde in den Beinen."

Ich setzte mich neben ihn auf den Stein; denn auch ich war müde geworden. Dann sagte ich zu ihm:

„Bist du hungrig, Manni?"

„Ja, sehr. Und ich glaube, es wäre besser gewesen, wir hätten zu Hause noch etwas gegessen und getrunken."

„Ja, das hätten wir tun sollen."

„Wie man aber so schnell hungrig wird, Nonni."

„Siehst du, Manni? Und gestern hast du gemeint, du könntest leicht den ganzen Tag ohne Essen und Trinken sein."

„Ja, das habe ich gestern gemeint. Heute meine ich es nicht mehr. – Wollen wir nicht ein paar von unseren Butterbroten essen?"

„Ja, Manni, das können wir jetzt tun."

Ich packte unsere Butterbrote aus, und wir verspeisten die zwei größten davon. Vier hatten wir dann noch übrig.

„Die müssen wir für später aufbewahren", sagte ich; „sie werden unser Mittagessen sein."

„Ja, das müssen wir wohl so machen, stimmte Manni zu. „Ich hätte sie aber gut gleich jetzt aufessen können."

Als wir mit unserem Frühstück fertig waren und uns ein bißchen ausgeruht hatten, bekamen wir wieder Mut.

Wir standen auf und schauten uns etwas um.

Da sahen wir weit, weit weg, tief unter uns den Hof Mödruvellir. Die sonst so ansehnlichen Hofgebäude kamen uns von hier aus sehr klein vor.

Von einigen Häusern stiegen blaue Rauchsäulen auf. Man war also daran, Kaffee zu kochen.

„Wenn wir nur eine Tasse warmen Kaffee oder Milch bekommen könnten!" seufzte Manni.

„Daran mußt du jetzt nicht denken", versuchte ich ihn abzulenken, „es hilft ja doch nichts. – Schau dir lieber den schönen Himmel dort drüben an."

Die Sonne ging gerade auf. Im Nordosten standen die Berge wie in Flammen; sie strahlten purpurn und golden.

„Oh, ist das schön!" rief Manni aus. „So was habe ich noch nie gesehen."

„Aber stell dir vor, wie schön es wird, wenn wir höher hinaufkommen!"

„Dann müssen wir schnell machen", antwortete Manni. „Jetzt bin ich nicht mehr müde."

Wir drehten uns um und setzten unsere mühsame Wanderung bergan wieder fort.

Jetzt gingen wir aber nicht mehr so schnell wie vorher.

Der Weg stieg immer mehr an, und das marschieren wurde anstrengender.

Anfangs erzählten wir einander noch viel, doch bald merkten wir, daß es besser war, wenn wir nicht sprachen; wir mußten dann nicht so sehr schnaufen.

So erkletterten wir eine Höhe um die andere, und es dauerte nicht lange, da schwitzten wir am ganzen Körper.

Als wir wieder eine Bergnase erreicht hatten, sagte Manni:

„Es ist doch sonderbar: mir kommt es vor, als ob der Berg immer höher würde, je weiter wir heraufkommen."

„Denselben Eindruck habe ich auch, Manni. Es will kein Ende nehmen mit all den Höhen und Halden; es kommen fortwährend neue Hügel, und der Gipfel ist immer gleich weit oben."

Manni zeigte mit dem Finger auf den nächsten höheren Bergrand, den man sah, und sagte:

„Schau, dort ist wieder so ein Rand. Es sieht aus, als ob es der höchste wäre. Aber du wirst sehen, wenn wir droben sind, ist es wieder nicht der letzte."

Manni hatte recht.

Wir erstiegen schweigend den steilen Berghang.

Als wir oben ankamen, lag vor uns eine kleine saftiggrüne Ebene, und dahinter erhob sich abermals ein Hügel, der ganz mit Heidekraut bedeckt war.

„Siehst du", fing jetzt Manni wieder an, „es ist so, wie ich gesagt habe. Dort oben sieht man wieder einen Gipfel, der reicht bis zu den Wolken hinauf. – Glaubst du, das ist schon der höchste?"

„Ich weiß nicht, Manni. Aber wir müssen schon sehr hoch oben sein."

Ich wandte mich um und schaute rückwärts. – Wir hatten tatsächlich schon einen gewaltigen Weg zurückgelegt.

„Sieh mal, Manni, wie schön es da ist! Und wie klein unser Hof jetzt aussieht! So weit, wie der nun unten liegt, sind wir schon aufwärts gestiegen. Ich glaube, wir werden bald oben auf der Spitze sein."

Auch Manni drehte sich um. Sein Gesicht heiterte sich auf. Die sonnenbeglänzte Landschaft, die sich weithin zu unseren Füßen dehnte, schien ihn ganz zu bezaubern; er konnte gar nicht genug schauen.

Nach Norden, nach Osten und nach Süden erstreckten sich die Täler mit ihren jetzt winzig kleinen Höfen. Die Hörgá, der große reißende Fluß, sah von hier oben nur noch wie ein kleiner Bach aus, der im Sonnenschein glitzerte.

Plötzlich rief Manni, indem er nach Norden zeigte:

„Nonni, schau mal, ist das dort zwischen den zwei Bergen nicht der Atlantische Ozean?"

Ich strengte meine Augen an und entdeckte in der angegebenen Richtung einen runden, leuchtenden Fleck.

Er war blau wie der Himmel und nahm sich im Glanz der hellstrahlenden Sonne aus wie ein in Gold gefaßter Edelstein.

„Ja, Manni", sagte ich, „du hast recht, das ist das Meer."

„Dann sind wir aber doch schon sehr weit oben", versetzte Manni voller Begeisterung. „Jetzt kommen wir sicher noch bis auf die Spitze!" ...

Wir gingen rasch über die grüne Ebene nach Westen hin. Den Hügel hinauf mußten wir durch hohes Heidekraut waten; es reichte uns oft bis an die Hüften.

Als wir endlich nach langem, mühsamem Steigen oben waren, hatten wir wieder eine ganz neue Landschaft vor uns.

Es war ein wellenförmiges, sanft ansteigendes Gelände, übersät von großen und kleinen Steinen. Viele von den Steinen waren flach und die meisten reich bewachsen mit dem bekannten Isländischen Moos oder „Berggras", wie die Isländer es nennen. Das sind kostbare Kräuter von bräunlicher oder aschgrauer Farbe.

In allen Ritzen und Spalten zwischen den Steinen wuchs gewöhnliches, saftiges Gras und eine Menge roter, blauer und gelber Bergblumen.

Jenseits dieser großen steinigen Fläche erhoben sich drohend gewaltige Felsen.

Was sollten wir nun anfangen? Wir konnten doch unmöglich diese mächtigen Steinwände hinaufklettern!

Wir blieben eine Zeitlang stehen und sahen einander ratlos an. Endlich sagte Manni:

„Wollen wir nicht doch bis zu den Felsen hingehen? Vielleicht finden wir eine Kluft, wo wir durchschlüpfen können."

„Nein, das glaube ich nicht, Manni. Wir müssen uns entweder nach Süden oder nach Norden wenden, um die Felswand zu umgehen."

„Das wäre aber ein gewaltiger Umweg, Nonni."

„Hm. Wahrscheinlich wird es uns lange aufhalten. Zwei Stunden mag es schon dauern."

„Dann kommen wir ja nicht mehr auf den Gipfel, Nonni!"

Dem Kleinen traten Tränen in die Augen. Er war schon so müde und hungrig und sehnte sich doch so sehr, den hohen Bergkamm zu erreichen.

Die Schafe in der Felshöhle

Ich wußte nicht, wie ich es anfangen sollte, meinen Bruder zu trösten. Aber da bekam er selber einen glücklichen Einfall.

Er hob ein Steinchen auf und zeigte es mir.

„Schau, Nonni, dieser Stein ist schwarz auf der einen Seite und weiß auf der anderen. Die weiße Seite soll Süden bedeuten, die schwarze Norden. Jetzt werfe ich ihn in die Luft. Fällt das Weiße nach oben, gehen wir südlich, und wenn das Schwarze obenhin kommt, gehen wir nach Norden."

Er warf den Stein in die Luft. – Die weiße Seite kam nach oben.

„Siehst du, Nonni! Nach Süden müssen wir gehen."

„Ich muß aber doch auch noch werfen!" sagte ich.

Ich warf das Steinchen in die Höhe, wie Manni vorher getan hatte. – Wieder war die weiße Seite oben.

„Hast du gesehen!" rief Manni aus. „Jetzt ist es ganz klar, daß wir nach Süden müssen."

Ich konnte Manni nicht widersprechen.

Wir standen auf und setzten unsere Wanderung fort.

Nach einer Weile sagte mein Bruder: „Nonni, gibt es hier nirgendwo Wasser? Ich habe so schrecklichen Durst."

„Ich auch, Manni. Und Hunger habe ich, und dann bin ich auch noch sehr müde."

„Ja, das bin ich auch. – Ach, wenn wir nur etwas mehr Butterbrote mitgenommen hätten!"

Wir wurden beide sehr betrübt. Die Hoffnung aber, unser Ziel zu erreichen, gaben wir noch nicht ganz auf; ohne viel zu reden, gingen wir unseren Weg weiter.

Auf einmal fing Fidel, unser treuer Begleiter, heftig an zu bellen. Er spitzte die Ohren und spähte scharf zu der Felswand hin.

Wir schauten nun ebenfalls dorthin und entdeckten nahe bei den Felsen einige weiße Punkte, die sich auf dem grünlichgrauen Boden hin und her bewegten.

„Was mag es wohl sein?" sagte ich zu Manni.

Er sah mit seinen scharfen Augen genau hin und rief dann: „Nonni, ich glaube, es sind Schafe!"

„Schafe!? – Meinst du wirklich, Manni? – Das wäre ja herrlich! Etwas Besseres könnten wir jetzt nicht antreffen."

Manni schaute mich verwundert an.

„Was kann uns denn das helfen?"

„Was uns das helfen kann? – Das wirst du doch verstehen, Manni! – Denk dir, wenn wir ein Milchschaf fangen könnten, dann bekämen wir doch Milch zu trinken!"

Mannis Augen leuchteten vor Freude.

Gleich aber fragte er wieder:

„Wie sollen wir denn die Schafe fangen, Nonni? Sie können doch schneller laufen als wir!"

„Eines werden wir schon erwischen", beruhigte ich ihn.

„Das machen wir jetzt so: Wir binden den Fidel an die Schnur, daß er uns die Schafe nicht verjagt. Sind wir dann dort, hältst du ihn, und ich fang ein Schaf. Ich werde das schon schaffen."

Manni fand meinen Plan ausgezeichnet.

28

Ich rief Fidel, zog meine Schnur aus der Tasche und band sie ihm um den Hals.

Nun wanderten wir die Anhöhe hinauf und gingen sehr langsam und vorsichtig auf die Schafe zu.

Je näher wir zu ihnen kamen, desto unruhiger wurde Fidel. Doch er war ein gut gezogener Schäferhund, und es gelang uns, ihn zu beruhigen.

Ab und zu konnte er freilich einen leisen Klagelaut nicht ganz unterdrücken. Er drängte lebhaft vorwärts, aber Manni hielt ihn ordentlich fest.

So kamen wir den Schafen immer näher. – Oder waren sie vielleicht so zahm, daß sie sich gar nicht um uns kümmerten?

Erst als wir bis auf etwa hundert Schritte vor ihnen waren, blickten sie auf.

Die großen, kräftigen Tiere schauten uns eine Weile ruhig an, dann begannen sie wieder zu grasen.

„Die gehören wahrscheinlich zu einem der Bauernhöfe weiter unten", sagte ich zu Manni; „sie sind gar nicht wild."

„Wenn du nur eins fangen könntest, Nonni!" erwiderte er.

„Ich glaube schon, Manni, daß ich eins erwische. – Mir scheint, es sind lauter Milchschafe."

Wir gingen vorsichtig wieder ein Stück weiter. – Bis zum nächsten Schaf waren es vielleicht noch zwanzig Schritte. Da hörten sie plötzlich alle zu grasen auf und drehten die Köpfe nach uns.

Dann brach die Herde auf und zog in aller Ruhe an der Felswand entlang von uns fort.

Manni fing schon zu seufzen an, daß wir nun doch keine Milch zu trinken bekämen.

Ich aber hatte eben einen Einschnitt in dem Felsen entdeckt, eine Art Höhle. Er mochte etwa zehn Fuß breit sein.

Schnell sagte ich zu meinem Bruder:

„Jetzt bekommen wir sie doch, Manni. – Schau, dort ist eine Höhle, da müssen wir sie hineintreiben, aber sofort! Bleib du mit Fidel hier, ich gehe dort hinüber, dann bringen wir sie schon rein."

Ich lief im Halbkreis links an den Schafen vorbei und hielt sie von unten her auf. Manni kam mit Fidel von oben herunter, und so war die ganze Herde zwischen Manni, mir und der Felswand eingeschlossen.

Das Spiel war gewonnen.

Langsam und ohne die geringste Schwierigkeit trieben wir die prächtigen Tiere zum Eingang der Höhle.

Sie gingen alle ruhig hinein und blieben nicht eher stehen, als bis sie im hintersten Winkel waren.

Die Höhle war ungefähr zwanzig Fuß tief. Am hinteren Ende drängten sich die Tiere zu einem dichten Knäuel zusammen.

Schneller und leichter hätte es wirklich nicht gehen können.

Und damit uns keiner von den Gefangenen entrinnen und auch andere zur Flucht verleiten konnte, mußte Fidel vor dem Ausgang Wache halten. An dem Hund schlüpfte sicher kein Schaf vorbei, das war undenkbar.

Jetzt konnten wir leicht eines der Tiere melken. Wie man es machen mußte, hatten wir ja zu Hause auf unserem Hof schon oft gesehen.

Ich kniete auf den Boden nieder und wollte bei dem Schaf, das mir am nächsten stand, beginnen.

Nun stellte sich aber eine neue Schwierigkeit heraus! – Wo ein Gefäß hernehmen für die Milch? Da war weder Eimer noch Tasse noch Glas.

Wir standen ratlos da und wußten uns nicht zu helfen. Wir überlegten hin und her, schauten uns in der Höhle um, sahen aber nichts, worein ich hätte melken können.

Da hatte der kleine Manni wieder eine Lösung.

Er nahm seine lederne Mütze ab, schlug sie einigemal gegen das Knie, um sie von Staub und Sand zu reinigen, drückte mit der Faust eine Höhlung hinein und sagte:

„Hier, Nonni, da kannst du ganz gut hineinmelken."

Ich mußte laut lachen über den gelungenen Einfall.

Ich kniete mich wieder hin, Manni hielt seine eingedrückte Mütze unter, und ich molk die schneeweiße, warme Milch hinein. Als die Mütze voll war, trank der durstige Junge sie mit dem größten Wohlbehagen in einem Zug aus.

„Ist die Milch gut, Manni?" fragte ich ihn, als er fertig war.

„Herrlich! Sie schmeckt nach Blumen und Kräutern."

„Ist das wahr? Kannst du wirklich etwas merken von Blumen

und Kräutern? Oder meinst du es nur, weil du so großen Durst hattest?"

„Aber ganz sicher, Nonni, sie schmeckt nach Bergblumen und Berggras. Eine so gute Milch habe ich noch nie getrunken. Da muß ich noch mehr haben, viel mehr."

„Gib die Mütze her, Manni, du bekommst soviel du willst."

Er hatte einen gewaltigen Durst: ich mußte ihm seine Mütze mit der warmen, duftenden Milch ein um das andere Mal füllen. Dann kam ich dran.

Ich molk ein zweites Schaf und trank ebenfalls mehrere Mützen voll. – Es war, wie Manni gesagt hatte, ein köstlicher Trunk; die Milch hatte einen ganz vortrefflichen, würzigen Geschmack. Als wir uns beide satt getrunken hatten, schenkten wir der Herde ihre Freiheit wieder. Die Tiere zogen langsam und ruhig hinaus und fingen wieder an zu grasen.

Wir fühlten uns wunderbar erfrischt.

Am Ausgang der Höhle setzten wir uns noch ein wenig nieder. Fidel nahm seinen Platz zwischen uns.

Ich befreite ihn von der Schnur, die ich ihm vorher um den Hals gebunden hatte.

„Der arme Hund!" sagte Manni. „Er hat noch gar nichts zu essen und zu trinken bekommen seit heute früh."

„Ja, Manni, der Fidel muß nun auch etwas haben."

Ich griff in die Tasche, holte meine beiden Butterbrote heraus, die ich noch übrig hatte, und gab das eine den treuen Hund. Wie schnell das verschwunden war!

Manni folgte augenblicklich meinem Beispiel und schenkte dem Fidel ebenfalls eines von seinen zwei Butterbroten.

Unser vierbeiniger Freund zeigte sich dafür sehr dankbar. Er wedelte mit dem Schwanz, trippelte mit den Vorderbeinen und fuhr mit seinem Kopfe bald mir, bald Manni ins Gesicht. Wir waren nun alle drei gestärkt und machten uns wieder auf den Weg an der mächtigen Felswand entlang.

Die Schafe waren so eifrig am Grasen, daß sie uns kaum beachteten, als wir fortgingen.

Manni aber rief ihnen zu: „Danke für die gute Milch!"

Jetzt fiel uns das Wandern viel leichter als vorher. Wir fühlten uns wie neu geboren.

Doch es war sonderbar: wir gingen und gingen, ja wir rannten fast, aber die hohe Felswand wollte kein Ende nehmen. Schon merkten wir wieder Müdigkeit und wurden langsamer, da blieb Fidel plötzlich stehen, spitzte die Ohren, knurrte und heulte.

„Was wird er wohl jetzt wieder haben?" sagte Manni.

Wir konnten nichts entdecken und setzten unseren Marsch fort.

Doch kaum waren wir weitergegangen, da rief Manni aus: „Jetzt sehe ich es!"

Gleich darauf sah ich es auch – es war ein Pferdekopf, der über den Rand einer kleinen Vertiefung herausragte!

Fidel fing laut zu bellen an. Wir mußten ihn zurückhalten. Mir kam sofort ein Gedanke.

„Wir haben Glück, Manni", sagte ich; „es ist ein Pferd, das liegt dort, um sich auszuruhen. Das müssen wir fangen."

„Ja, Nonni, und dann reiten wir! Dann geht es schnell, und wir werden nicht mehr müde!"

Der kleine Manni war vor Freude ganz aufgeregt.

„Jetzt müssen wir aber aufpassen", begann er wieder, „damit es uns nicht davonläuft. Pferde sind nicht so leicht zu fangen wie Schafe."

„Ich weiß es, Manni; aber ich habe auch schon oft Pferde eingefangen. – Ich gehe ganz allein hin, du mußt mit dem Fidel hier warten und ihn ruhighalten."

„Ja, Nonni. – Gib aber genau acht, daß es nicht nach dir ausschlägt!"

Ich schlich mich vorsichtig zu dem Pferde hin. Es schaute mich mit seinen großen, wie Glas glänzenden Augen an und rührte sich nicht.

Schritt für Schritt näherte ich mich ihm auf den Zehenspitzen.

Endlich war ich nur noch eine Armweite von ihm entfernt. Ich kniete mich, den Blick unverwandt auf das Pferd gerichtet, ganz langsam und ruhig auf die Erde.

Das Herz klopfte mir bis zum Halse. Ich fürchtete, das Pferd könnte plötzlich aufspringen und nach mir schlagen.

Es war ein Wagnis. Aber jetzt durfte ich nicht zaudern. Ich streckte und neigte mich nach vorn – und legte sanft dem Tier die Hand auf die Mähne.

Damit war es gefangen.

Ich fühlte, daß ein leises Zittern durch seinen ganzen Körper ging. Doch machte es keine Anstalten, sich zu erheben. Ich streichelte es am Kopf, um es zu beruhigen. Gleichzeitig zog ich mit der anderen Hand meine Schnur aus der Tasche. Dann führte ich das eine Ende dem Pferd vorsichtig ins Maul, zog die Schnur unter der Zunge durch und band sie um den Unterkiefer mit einem Knoten auf der linken Seite fest. Hierauf warf ich das andere Ende der Schnur oben über die Mähne und knüpfte es rechts unter dem Kiefer an.

Der Zügel war fertig, wir hatten ein Reitpferd.

Nun rief ich Manni herbei.

Er war mit Fidel rasch zur Stelle.

Der Hund lief vorsichtig um unseren großen Gefangenen herum und beschnupperte ihn.

Das Pferd blieb aber ruhig im Gras liegen. Wir redeten ihm zu, es sollte aufstehen, allein umsonst.

Ich sagte nun zu Manni:

„Wenn es nicht aufsteht, setzen wir uns einfach auf seinen Rücken und treiben es auf."

Manni hielt das auch für das beste. Bevor wir aber aufsaßen, sah er sich ängstlich um:

„Hast du eine Ahnung, Nonni, wem das Pferd gehört?"

„Es ist sicher eines von unserem Hof", beruhigte ich ihn, „die kommen ja weit hier herauf zur Weide. Hab nur keine Angst, Manni, ich habe doch schon oft Pferde im Freien genommen und einen kleinen Spazierritt mit ihnen gemacht!"

Damit war Manni zufrieden, und wir machten uns mit ruhigem Gewissen daran, auf den Rücken des liegenden Tieres zu klettern.

Ich saß zuerst auf, dann, von mir unterstützt, der kleine Manni. Er mußte hinter mir sitzen.

Nun galt es, das Pferd zum Aufstehen zu bringen.

Ich sagte zu Manni, er solle sich an mir festhalten. Er umfaßte mich mit beiden Armen und sagte dann:

„So, jetzt sitze ich; ich falle nicht mehr hinunter."

Ich nahm mit der linken Hand den Zügel, mit der rechten hielt ich mich an der Mähne fest.

Dann fingen wir an:

„Auf! auf! – hopp! hopp!"

Wir riefen miteinander und strampelten mit den Beinen gegen die Rippen des Pferdes.

Aber merkwürdig: es half so gut wie nichts. Das Roß wandte nur den Kopf nach rechts oder links. Ein paarmal drehte es ihn ganz um und schaute uns kleine zappelnde Reiter gutmütig an.

Wir konnten gar nicht begreifen, was da fehlte. Alles Rufen und Strampeln und Zerren war vergebens.

Schließlich meinte Manni, der mich immerfort mit beiden Armen umschlungen hielt:

„Weißt du was, Nonni: wir müßten eine Reitpeitsche haben, dann würde es schon gehen."

„Ja, wir haben aber keine!"

„Kannst du vielleicht statt dessen den Zügel etwas fester anziehen?" fragte er dann.

Ich zog ruckweise wieder an meiner Schnur, während wir gleichzeitig weiter mit den Beinen strampelten und „hopp! hopp!" riefen. Doch das alles hatte keinen Zweck, das Pferd streckte einige Male den Kopf in die Höhe und – blieb im Grase liegen.

Wir schlugen mit den Fäusten auf das störrische Tier ein und strampelten und riefen immer lauter, und auch Fidel bellte kräftig dazu: aber unser Roß kümmerte sich wenig darum; es schien alles nur als Spaß aufzufassen.

Jetzt wußten wir kein Mittel mehr, das nützen konnte.

Wir blieben eine Weile sitzen und ruhten uns aus.

Auf einmal ließ Manni mich mit der einen Hand los und sagte:

„Nonni, ich habe eine Peitsche gesehen! – Sieh mal, dort unten sind ganz niedrige Sträucher, da könntest du eine dicke Rute herausschneiden."

„Du hast aber heute lauter gute Einfälle, Manni", lobte ich

34

meinen Bruder. „Ja, da will ich eine Rute holen. – Paß aber unterdessen gut auf, und bleib ruhig sitzen, und halte den Zügel fest."

Ich stieg vom Pferd und übergab Manni den Zügel. Dann lief ich hinunter an die Stauden, schnitt mit meinem Taschenmesser zwei kräftige Gerten ab, entfernte rasch die Blätter und kleinen Zweige und sprang wieder zu Manni zurück. Eine von den Gerten gab ich ihm.

„So mein Rößlein", sagte ich, „jetzt wird es aber Ernst!" Ich saß auf, und nun fingen wir von neuem an:

„Hopp! hopp! – brr! – auf! auf!"

Dazu gab es noch kleine Rutenhiebe nach links und auch rechts.

Doch wer hätte das geglaubt! – das Roß ließ sich schlagen, soviel wir wollten, zeigte aber nicht die geringste Lust aufzustehen! Es war gerade, als ob es die Schläge nicht spürte.

Ich sagte daher zu meinem Bruder:

„Manni, ich glaube, das Pferd spürt gar nichts, wenn wir es schlagen."

„Meinst du wirklich?"

„Ja, ich glaube es fast. Und ich meine, es kommt daher, weil wir auf seinem Rücken sitzend nicht Kraft genug zum Schlagen haben."

„Was sollen wir dann tun, Nonni?"

„Ich glaube, ich muß wieder absteigen. Dann stelle ich mich hinter das Tier, und dann wirst du etwas erleben!"

Gesagt, getan!

Ich stieg ab und gab Manni den Zügel.

„Nun paß aber auf, Manni", rief ich, „daß du nicht herunterfällst, wenn das Pferd aufspringt! – Jetzt fange ich an. – Hältst du die Schnur gut fest?"

„Ja, fang nur an!"

Ich bemerkte, wie das Tier etwas ängstlich den Kopf nach mir umwandte und mich schief anschaute.

Ich ging nur ein paar Schritte von ihm weg, schwang mit beiden Händen die lange Rute, indem ich auf das Pferd zusprang, drohte ihm und schrie, so laut ich konnte.

Fidel half mir durch heftiges Bellen.

Das Roß spitzte die Ohren.

„Gib acht, Manni!" rief ich noch einmal, und dann hieb ich zu, diesmal mit aller Kraft.

Das wirkte. – Aber o weh! es kam ganz anders, als ich erwartet hatte!

Das bisher gutmütige Tier fuhr plötzlich zusammen, bäumte sich vorn in die Höhe und stand nun beinahe senkrecht auf den Hinterbeinen!

Manni glitt von der Mähne bis fast zum Schwanze hinunter. Er stieß einen Schrei aus und rief:

„Hilf! Nonni, hilf! Ich falle!"

„Laß die Schnur nicht los! Halt dich fest an der Schnur!"

Er krallte sich mit aller Kraft an der Schnur und hing, lang ausgestreckt, nur mehr so hinten auf dem Pferde.

Das Tier wurde noch wilder. Es sperrte den Rachen auf, rollte die Augen und schlug den Schwanz hoch im Kreise.

Es war ein schrecklicher Anblick.

Manni schrie aus Leibeskräften.

„Laß dich herunterfallen!" rief ich ihm zu.

Er traute sich aber nicht. Mit der linken Hand hielt er sich am letzten Haarbüschel der Mähne.

Jetzt ließ das Pferd sich auf die Vorderfüße fallen, bockte wütend noch ein paarmal auf und nieder – dann rannte es samt meinem kleinen Bruder davon. –

Dies alles dauerte nur wenige Augenblicke.

Ich rannte ihnen nach, so schnell mich meine Beine trugen.

Fidel hatte das Pferd rasch eingeholt und suchte es in die Hinterbeine zu beißen.

„Laß dich herunterfallen, Manni, laß dich herunterfallen!" schrie ich unablässig.

Als Antwort vernahm ich nur das gellende Angstgeschrei meines Bruders, der ausgestreckt auf dem Rücken des dahinstürmenden Pferdes lag.

Dann waren Roß und Reiter zwischen den finsteren Felsen verschwunden.

Ich kam von dem schnellen Laufen bald außer Atem und wurde
so schlapp, daß ich nicht mehr weiterkonnte; ich mußte ein wenig stehenbleiben.

Fidel schaute mich zuerst mit einem fragenden Blick an, dann
sprang er ungeduldig vor und zurück, als wollte er sagen, wir
müssen weiter.

Allein es ging nicht, ich war zu erschöpft.

Die Angst und Sorge um den armen kleinen Manni drückten
mich vollends nieder. Das durchgegangene Pferd konnte ich ja
unmöglich einholen!

Und doch – ich mußte meinen Bruder suchen, koste es, was es
wolle!

Dieser Gedanke verlieh mir wieder neue Kraft. Ich nahm mich
zusammen und setzte mein Laufen fort.

Fidel sprang freudig bellend voraus. Wollte ich nachlassen in
meiner Eile, dann kam er zu mir her, hüpfte bis an meine Brust
empor, kratzte mich und zerrte an meinen Kleidern, um mich
aufzumuntern.

So kamen wir wieder ein gutes Stück weit. Ich lief und lief, was
ich konnte.

Es dauerte aber nicht sehr lange, da fühlte ich in der Brust einen stechenden, schneidenden Schmerz. Mein Herz hämmerte
gewaltig. Mir wurde schwarz vor den Augen, und schließlich
fiel ich halb bewußtlos in den Sand...

Als ich wieder zu mir kam, fühlte ich etwas Feuchtes und Wei-
ches im Gesicht.

Ich öffnete die Augen und sah über mir Fidel stehen. – Er
schnüffelte vorsichtig an meinem Gesicht, meiner Brust und
meine Händen herum.

Als er merkte, daß ich mich rührte, war er fast außer sich vor
Freude. Er setzte sich neben mich auf den Boden, wedelte im-
merfort mit dem Schwanz und trippelte mit den Vorderpfoten.
Er meinte wohl, ich sollte aufstehen.

Ich brachte es mit Mühe fertig und schleppte mich zu einem nahen flachen Stein. Dort setzte ich mich nieder und überlegte,
was ich nun anfangen sollte.

Gleich kam mir die ganze furchtbare Wirklichkeit wieder zum Bewußtsein.

Ich sah Manni auf dem wilden Pferd liegen und durch Schluchten, Meeresbuchten und an Abgründen dahinrasen. – Und ich saß da und konnte ihm nicht helfen. Und der Vater und die Mutter zu Hause warteten umsonst, und wir kämen nicht heim...

Ich wußte nicht ein noch aus.

Manni ist vielleicht in Lebensgefahr, dachte ich wieder, und ich, sein älterer Bruder, sitze hier und grüble!

Ich quälte mich hoch und wollte weiterlaufen – Fidel bellte schon wieder vor Freude –, aber ach! kaum daß ich einen Schritt machen konnte, sank ich wieder zurück auf den Stein.

Nun wurde ich traurig über alle Maßen; ich fühlte, daß mir die Tränen kamen. Ich bedeckte mit beiden Händen mein Gesicht und weinte wie noch nie in meinem ganzen Leben...

In meiner tiefsten Verzweiflung fuhr mir blitzschnell der Gedanke durch den Kopf, daß ich beten sollte.

Ich faltete die Hände und rief ganz laut: ,,Lieber Gott, hilf mir doch, daß ich meinen kleinen Bruder finde! Ach hilf mir!"

Danach wurde ich ruhiger und konnte wieder meine Gedanken sammeln.

Auf einmal wurde es mir klar: ich mußte mir ein neues Pferd verschaffen, dann konnte ich Mannis Pferd einholen.

An Pferden, dachte ich, wird hier oben wohl kein Mangel sein. Ich spähte überall umher und kletterte auf alle größeren Steine, um Ausschau zu halten...

So suchte ich ziemlich lange vergebens, aber den Mut verlor ich nicht mehr; ich war sicher, daß ich Erfolg haben würde. Und so kam es auch. Auf einer Wiese mit hohem, saftigem Gras traf ich ein grasendes Pferd an, sogar einen ,,Stahlgrauen" aus dem Eyjafjördur! Die gehören zu Islands allerbesten Pferden.

Meine Freude, als ich das Tier erblickte, war unbeschreiblich.

Auf dem konnte ich mit Mannis Pferd leicht um die Wette reiten!...

Plötzlich aber blieb ich stehen: es fiel mir ein, daß ich keine Schnur mehr für einen Zügel hatte; das wilde Roß war ja damit fortgelaufen.

Nun war guter Rat teuer, denn ohne Zügel konnte mir das beste Pferd nichts nützen.

Ich durchsuchte hastig alle meine Taschen...

Da – welch ein Glück! – aus einer kam ein langer Bindfaden zum Vorschein.

Den konnte ich nun allerdings nicht ohne weiteres brauchen; er war zu dünn, und es wäre grausam gewesen, ihn dem Pferd um den Unterkiefer zu binden. Er hätte das Tier sicher arg verwundet.

Aus dieser Schwierigkeit half ich mir jedoch rasch. Ich riß aus dem Futter meiner Jacke einen Streifen heraus, drehte ihn zu einer weichen Leine, band diese an meinen Bindfaden – und Zügel und Gebiß waren fertig.

Jetzt galt es, das feine, stahlgraue Tier zu fangen.

Zunächst suchte ich Fidel durch Zeichen und Worte klarzumachen, daß er hinter mir bleiben und sich ruhig verhalten solle.

Dann ging ich langsam auf das grasende Pferd zu.

Als ich ihm schon ganz nahe gekommen war, hörte es auf zu grasen und schaute mich scharf an.

Ich ging noch langsamer.

Da, auf einmal drehte es sich um – und lief fort, ein Stück den Berg hinunter!...

Du guter Gott, was jetzt anfangen!

Sollte ich ihm nachrennen? – Nein, das durfte ich nicht: das Tier wäre nur noch scheuer geworden.

Ich besann mich. – Vielleicht war der Hund schuld, daß es fortlief?

Ich führte Fidel hinter einen großen Stein. Dort mußte er sich hinlegen, und ich warnte ihn, daß er nicht eher vorkomme, als bis ich ihn riefe.

Kaum aber war ich einige Schritte weit von ihm weg, da kam er, den Schwanz zwischen den Beinen, hinter mir hergeschlichen. Ich brachte ihn gleich wieder an seinen Platz zurück und befahl ihm mit strengen Drohungen zu bleiben.

Dann entfernte ich mich wieder.

Als ich ein Stück weit gegangen war, schaute ich mich um. – Fidel hatte wieder nicht gefolgt. Das gute Tier stand leise heulend vor dem Stein und sah mir sehnsüchtig nach.

Ich drohte ihm mit den Händen, bis er sich setzte, und ging dann weiter.

Das Pferd war unten auf einem neuen Rasenplatz mit hohem Gras stehengeblieben und weidete.

Ich schlich mich behutsam bis zu dem dichten Grase, legt mich auf den Boden und kroch auf Händen und Füßen näher. Auf einmal hörte ich ein Rascheln hinter mir im Grase: es war Fidel. Er war jetzt aber ganz still, drum ließ ich ihn in Ruhe.

Als ich so nah bei dem Pferd war, daß es mich gut hören konnte, fing ich leise an durch die Zähne zu pfeifen, wie man dies auf Island zu tun pflegt, wenn man ein scheues Pferd einfangen will. Ich flötete ununterbrochen und stets langgezogene, gleich hohe Töne.

Zu meiner Freude merkte ich bald, daß die Töne ihre Wirkung taten: das Pferd hörte auf zu grasen, hob den Kopf in die Höhe, sah gerade vor sich hin und stand regungslos da. Es war, als sei es an die Stelle festgezaubert.

Jetzt streckte ich die linke Hand rückwärts, drückte Fidel in das tiefe Gras und erhob mich dann langsam, aber immerzu flötend.

Das Pferd schaute weder links noch rechts, es machte nicht die geringste Bewegung.

Nach wenigen Sekunden stand ich neben ihm und legte ihm sanft die Hände auf die Mähne – das prächtige Tier war gefangen.

Um es vollends zu beruhigen, streichelte ich es liebkosend am starken, glänzenden Hals und schob ihm dann vorsichtig meinen „Zügel" ins Maul.

Als ich den Tuchstreifen um seinen Unterkiefer festgebunden hatte, schüttelte es einige Male verwundert den Kopf.

Ein solches „Gebiß" hatte es wohl noch nie zwischen den Zähnen gehabt!

Ich aber war überglücklich, daß ich jetzt ein Reitpferd hatte, und dazu ein so schönes und feuriges.

Ich führte das Pferd an einen Stein, saß auf, stieß es mit den Füßen ein paarmal in die Seiten und ritt, während Fidel freudig an ihm heraufbellte, den Berg hinauf.

Der „Stahlgraue" galoppierte, obwohl es bergauf ging, so

schnell voran, daß es eine Freude war. Fidel mußte sich anstrengen, um mitzukommen.

Aber war ich auch auf dem rechten Weg?...

Ich überlegte. Das wilde Pferd mit Manni auf dem Rücken war in dieser Richtung verschwunden. Und so ritt ich voller Zuversicht weiter.

Auf einmal fuhr ich erschrocken zusammen und griff unwillkürlich mit beiden Händen in die Mähne meines „Stahlgrauen".

Vor uns gähnte ein Abgrund. Eine mächtige Felswand schoß jäh in die Tiefe, und jetzt galoppierten wir in raschem Lauf den gefährlichen Rand entlang, ganz draußen auf der äußersten Kante!...

Mir flimmerte es vor den Augen, kalter Schauer erfaßte mich. Denn rechts sah ich in die grauenvolle Tiefe hinunter, die mich zu verschlingen drohte. Ein einziger Fehltritt, ein einziges Stolpern des Pferdes, und wir mußten in den Abgrund stürzen.

Nach links zu wenden war unmöglich, da ragte die hohe Sandwand empor...

Jetzt fiel mir plötzlich Manni wieder ein. Auch sein Pferd mußte mit ihm diesen furchtbaren Weg gelaufen sein! –

Ich schloß die Augen und hielt mich noch fester an der Mähne des voranstürmenden Pferdes. –

Als ich meine Augen wieder öffnete, war die gefährliche Stelle schon hinter uns.

Ich atmete auf, als ob ich einem schrecklichen Gespenst entronnen wäre.

Mein feuriges Pferd war bereits in Schweiß gebadet. Ich zog den schwachen Zügel strammer und wollte es etwas bändigen, doch das starke Tier drängte vorwärts.

Auf einmal sah ich, daß Fidel die Ohren spitzte; es mußte also etwas Ungewöhnliches in der Nähe sein.

Auch mein Pferd hob den Kopf in die Höhe und mäßigte seinen Trab.

Gespannt reckte ich mich auf.

Und wer könnte meine Verwunderung beschreiben, als uns Mannis wildes Pferd entgegengaloppierte!

Aber in demselben Augenblick verwandelte sich meine Freude in Grauen: das Pferd war ohne Reiter!

Ein entsetzlicher Gedanke schoß mir durch den Kopf: Manni wurde am Rande des Abgrundes vom Schrecken erfaßt und ist vom Pferd herab in die Tiefe gestürzt!...

Mir schwindelte.

Manni, mein kleiner Bruder, tot? – Nein, nein, das konnte nicht geschehen sein. Er war vielleicht dort vorn irgendwo abgestiegen, und das Pferd läuft jetzt wieder heim...

So beruhigte ich mich selbst.

Das Pferd kam näher. Von seinem Maul hing die Schnur herunter.

Ich ritt ihm entgegen und fing an zu pfeifen, um es zu fangen. Es kam jedoch von selber auf uns zu und blieb zitternd neben meinem Pferd stehen.

Ich griff langsam nach der herabhängenden Schnur und ließ mich dann von meinem Pferd gleiten.

Jetzt erst sah ich, wie schweißnaß mein „Stahlgrauer" war. Ich hielt es für das beste, ihm die Freiheit zu schenken und auf Mannis Roß weiterzureiten; dieses würde mich auch am sichersten zu der Stelle bringen, wo Manni geblieben war.

Ich nahm also dem „Stahlgrauen" den Tuchstreifen aus dem Maul, klopfte ihm zum Dank und Abschied freundlich auf den Rücken und ließ ihn los.

Er schaute mich mit seinen großen Augen noch einmal an, wandte sich um und lief wieder talwärts denselben Weg, den wir gekommen waren...

Bevor ich auf Mannis Pferd stieg, untersuchte ich seinen Zügel.

Jetzt kam ich auch darauf, warum es wild geworden war. Die Schnur um die Unterlippe war viel zu fest zugezogen und mußte das arme Tier sehr schmerzen. Ich schnitt sie mit meinem Taschenmesser vorsichtig auf und machte von dem anderen Ende ein neues „Gebiß".

Das vorher so wilde Pferd war ganz zahm geworden.

Ich schwang mich auf seinen Rücken und ritt weiter.

Es lief willig und gut, aber bei weitem nicht so feurig wie der „Stahlgraue". Auch fiel mir immer noch eine merkwürdige

Unruhe an ihm auf: es zuckte oft zusammen, spitzte ab und zu
die Ohren und schaute dann mit großer Aufmerksamkeit nach
vorn, als ob es eine Gefahr aus jener Richtung fürchtete.
Ebenso tat Fidel.
Jetzt war es mir klar, da mußte irgendwo etwas Besonderes
sein, und ich wurde ein wenig ängstlich. Ich blickte nach allen
Seiten umher, konnte aber nichts entdecken.
Der Weg führte gerade eine kleine Anhöhe hinauf. Ich trieb
mein Pferd an, aber merkwürdig: auf einmal blieb es stehen
und spitzte wieder die Ohren.
Fidel lief voraus. Er schnüffelte emsig am Boden und bellte und
heulte unaufhörlich.
Dort oben also mußte die Gefahr sein, welche die Tiere witter-
ten.

Der wilde Stier

Ich brachte mein Pferd nur langsam die Höhe hinauf.
Als wir oben waren, blieb es zitternd stehen.
Vor uns lag eine kleine Ebene, von Lavablöcken übersät.
Jenseits erhob sich ein hoher, mit spärlichem Gras und asch-
grauem Moos bewachsener Bergeshang.
Fidel sprang auf einen Lavablock und musterte mit scharfem
Blick das Gelände. Im gleichen Augenblick schlug er ein Ge-
heul an und stürmte wütend durch die Lavablöcke voran.
Ich saß atemlos auf meinem erregten Pferd und wartete, aufs
höchste gespannt, was nun geschehen werde.
Wenige Augenblicke später hörte ich den Hund hitzig bellen
und gleich darauf ein donnerähnliches Brüllen, das mich mit
Grauen erfüllte.
Mein Pferd bebte, wandte sich um und wollte den Abhang hin-
unter fliehen.
Ich hatte die größte Mühe, das zitternde Tier zurückzuhalten,
konnte aber nicht verhindern, daß es vom Wege lief.
Ich brachte es wieder zum Stehen und erblickte nun, zwei- bis
dreihundert Schritte entfernt, einen gewaltigen Stier, der mit
gesenkten Hörnern auf den wutschnaubenden Fidel losging.

Gleichzeitig rief irgendwo aus der Masse der großen Stein-
blöcke eine helle Kinderstimme:
„Nonni, Nonni, bist du hier? – Um Gottes Willen, sei vorsich-
tig, paß auf, sonst stößt er dich..."
Ich erkannte die Stimme sofort: es war Manni, der mich
warnte.
Mir traten vor Freude Tränen in die Augen.
Ich hatte meinen lieben kleinen Bruder wiedergefunden!
Gott sei Lob und Dank! – Ich wurde ganz aufgeregt und konnte
es gar nicht erwarten, ihn zu sehen.
„Manni, wo bist du denn? Ich sehe dich nicht!"
„Hier! – auf einem großen Stein! – Komm aber nicht näher,
Nonni, er stößt dich tot!"
Ich suchte in der Richtung, woher ich Manni rufen hörte, und
jetzt entdeckte ich ihn. – Er saß ruhig auf einem hohen, flachen
Steinblock, gerade über dem Platz, wo sich Fidel und der Stier
gegenüberstanden.
„Ist dir nichts passiert, Manni?" rief ich zu ihm hinüber.
„Nein, Nonni! – Aber du mußt dich in acht nehmen vor dem
Stier!"
Ich überlegte nun, wie ich am besten zu Manni gelangen
könnte, und schaute bald da-, bald dorthin zwischen die großen
Lavablöcke.
Manni schien meine Gedanken zu erraten, denn er rief voll Be-
sorgnis wieder:
„Nonni, komm ja nicht hierher! Da unten ist der Stier!"
„Aber ich muß doch irgendwie zu dir hinüber, Manni!"
„Nein, nein, Nonni! Das darfst du nicht! Der Stier tötet dich;
du weißt nicht, wie bös er ist. Mir kann er nichts tun, er kommt
nicht bis zu mir herauf!"
„Was soll ich dann machen, Manni?"
„Reite etwas weiter fort, und verstecke dich, daß er dich nicht
sieht!"
„Gut, Manni, ich reite jetzt ein Stück weit fort. Aber ich
komme gleich wieder, und dann wirst du sehen, wir werden mit
dem Stier schon fertig."
„Um Gottes Willen, Nonni, fang mit dem Stier nichts an!"
So schrie Manni noch immer aus vollem Halse, während ich

mich mit meinem Pferd nach links wandte und auf einem Umweg zu dem hohen Bergabhang auf der anderen Seite ritt.

Dabei konnte ich zwischen Steinblöcken hindurch ein paarmal den Stier genau sehen. Er hatte eine eiserne Kette um den Hals. Daran hing ein Holzklotz, der vor seinen Vorderbeinen hin und her baumelte.

Dies beruhigte mich sehr. Denn wollte er springen, dann schlug der Klotz an seine Knie, und so konnte er wenigstens nicht schnell laufen.

Der Stier hatte auch mich bemerkt: er schaute mich jedesmal stur an, wenn er mich zwischen den Felsblöcken hindurch erblickte. Aber er unternahm merkwürdigerweise nicht den geringsten Versuch, mich anzugreifen. Er schien es nur auf Manni abgesehen zu haben, denn er blieb wie angewurzelt vor dem Block stehen, worauf Manni saß.

Das war sonderbar. Ich konnte es nicht verstehen.

Als ich den Berghang so hoch hinaufgeritten war, daß der Stier mich nicht so schnell erreichen konnte, stieg ich ab und band mein Pferd an den Zacken eines Lavablockes fest. Es zitterte noch immer. Ich suchte es durch freundliches Klopfen und Streicheln zu beruhigen und brachte es schließlich so weit, daß es sich niederlegte.

Jetzt sammelte ich mir eine Menge spitzer und eckiger Steinchen und füllte damit meine Taschen. Sie sollten meine Angriffswaffen sein gegen den Stier, den ich um jeden Preis von Manni wegtreiben wollte.

Dann ging ich langsam und vorsichtig dem Steinblock zu, von wo aus ich beständig das hitzige Bellen Fidels vernahm.

Sobald ich in der Nähe des Stieres war, nahm ich einen Stein aus der Tasche und warf ihn mit aller Kraft nach ihm.

Zugleich aber sah ich mich nach einem Lavablock um, auf den ich mich retten könnte, wenn der Stier auf mich losginge.

Als ich den Stein warf, schrie Manni wieder ängstlich:

„Hör auf, Nonni! hör auf! und geh nicht so nah hin!"

Ich rief zu ihm hinüber:

„Sei doch ruhig, Manni, ich werde schon vorsichtig sein!"

Dann sprang ich auf den nächsten Block und rief:

„Siehst du, Manni, jetzt bin ich in Sicherheit wie du."

Damit war er zufrieden.

Ich aber nahm gleich wieder Steine aus der Tasche und bewarf den Stier. Doch es half nichts. Seine Haut war zu dick. Er zuckte nur ein wenig zusammen, wenn die spitzen Steine ihn trafen.

Ich mußte also versuchen, ihm näher zu kommen, und war auch bald auf einem neuen Steinblock.

Allein der Stier kümmerte sich nicht im geringsten um meine Wurfgeschosse; er hatte es nur auf Manni abgesehen, nach mir wandte er sich nicht ein einziges Mal um.

Ich wurde deshalb immer mutiger. Zuletzt faßte ich den Plan, das wilde Tier gemeinsam mit dem Hund anzugreifen.

Nachdem ich Manni noch einmal beruhigt hatte, rief ich Fidel herbei. Er kam sofort und sprang zu mir auf den Stein. Die Zunge hing ihm zum Maul heraus.

Ich nahm nun fünf bis sechs scharfkantige Steine in die linke Hand und zeigte mit dem Finger auf den Stier.

Fidel verstand mich sofort. Seine Augen blitzten, er heulte laut vor Kampfeslust.

Wir sprangen hinunter und Fidel stürmte vorwärts.

Der Hund wich geschickt den spitzen Hörnern des Stieres aus und suchte ihn an den Hinterbeinen zu fassen.

Inzwischen näherte ich mich vorsichtig und warf meine Steine gegen den Kopf des Stieres.

Da traf ich ihn mitten auf seine breite Schnauze.

Das wirkte! Der Stier reckte den Kopf in die Höhe, schaute mich mit seinen blutunterlaufenen Augen einen Augenblick wütend an und ging dann mit gesenkten Hörnern auf mich los.

Manni stieß einen gellenden Schrei aus und rief voller Angst: „Nonni, Nonni! geh fort! – Lauf schnell, lauf schnell! – Er stößt dich tot!"

Zum Glück wurde das wilde Tier durch den Holzklotz am Laufen gehindert, und so gelang es mir, mich hinter den nächsten großen Stein zu flüchten.

Während der Stier vollauf mit Fidel beschäftigt war, lief ich in einem Bogen zu Manni und sprang rasch zu ihm hinauf.

Manni empfing mich mit ausgestreckten Armen und Tränen in den Augen.

„Komm, Nonni, komm!" rief er und faßte mich mit beiden Händen. „Wie gut, daß du nun bei mir bist!"

Mir fiel wieder ein, welche Angst und welchen Schmerz ich um meinen Bruder ausgestanden hatte, und nun stiegen auch mir die Tränen in die Augen.

„Nun erzähle mir aber, Manni, wie es dir ergangen ist auf deinem Ritt."

„Das war schrecklich, Nonni", begann er. „Das Pferd rannte in einem fort ganz wütend voran. – Ich hielt mich aber an der Mähne fest, deshalb bin ich nicht heruntergefallen.

Dann kamen wir hierher, und da hat der wilde Stier gebrüllt, und das Pferd warf mich ab. Auf dem Boden ist aber Sand gewesen, da war es nicht so hart. Dann bin ich schnell auf diesen großen Stein geklettert, und der Stier hat mich nicht erwischt."

„Und das Pferd, Manni?"

„Das ist davongelaufen. Nachher ist es aber noch einmal gekommen, und dann ist es wieder fortgelaufen. – Wie bist aber du hierhergekommen, Nonni?"

„Ich habe einen feinen „Stahlgrauen" gefunden! Den hättest du sehen sollen, Manni! Der ist feurig gelaufen! – Und an dem großen Abgrund habe ich Angst gehabt, du seist hinuntergefallen. – Dann ist dein Pferd gekommen, und den ‚Stahlgrauen' habe ich wieder laufenlassen. Und dann bin ich mit deinem Pferd hierhergeritten…"

Kaum hatten wir dies einander erzählt, da stieß der Stier so stark an unsern Steinblock, daß es laut dröhnte.

„Schau, Nonni, so hat er die ganze Zeit getan, seitdem ich hier oben sitze", sagte Manni. – „Aber es macht nichts", fügte er gleich hinzu, „der Stein fällt nicht um."

Fidel bellte wie rasend; er war schon ganz heiser. Ich rief ihn jetzt zu uns herauf, damit er ein wenig ausruhe. Er kam sofort gesprungen und setzte sich keuchend hinter uns.

Gleich darauf sahen wir, wie der Stier seinen gewaltigen Kopf an den Steinblock heraufreckte und uns mit seiner langen Zunge zu erreichen versuchte. Er schnaubte unheimlich und leckte an dem harten Stein.

Wir schoben uns unwillkürlich zurück.

Da kam mir auf einmal ein Gedanke. – Ich nahm mein Taschenmesser heraus, öffnete es und sagte zu Manni:

„Mir fällt jetzt etwas ein; du weißt, wenn ein Stier im Stall wild ist, dann sticht man ihm einen Eisenring durch die Nase, das macht die Tiere zahm. – Meinst du nicht, wir sollen das auch versuchen?"

„Ja, aber wir haben keinen Eisenring, Nonni."

„Ich habe eine Schnur, vielleicht können wir ihm die an der Nase festbinden."

„Aber wie willst du das anstellen, Nonni?"

„Ich steche ihm einfach mit meinem Messer ein Loch durch die Nase und ziehe die Schnur hindurch."

Ich zog nun meinen Bindfaden aus der Tasche. Dann legte ich mich flach auf den Stein und sagte zu Manni, er solle mich fest an den Füßen halten, damit ich nicht hinunterfalle.

So blieb ich ruhig liegen, bis der Stier seinen Kopf wieder heraufstreckte. Das offene Messer hielt ich in der rechten, den Bindfaden in der linken Hand.

Ich brauchte nicht lange zu warten.

Der Stier fing bald wieder an, den Stein zu lecken, und streckte den Kopf immer weiter herauf.

„Halt meine Füße fest, Manni!" rief ich jetzt.

Manni hielt mich, so fest er konnte.

Dann packte ich ganz schnell den Stier an den Nasenlöchern, gerade so, wie ich es bei den Hirten gesehen hatte, wenn sie den Tieren ins Maul schauen wollten, und stach mit dem scharfen Messer zwischen die Nasenlöcher.

Der Stier stieß eine fürchterliches Gebrüll aus. Das Blut strömte ihm aus der Nase. Er bäumte sich ein paarmal auf wie ein wildes Pferd, und dann floh er, so schnell es ihm sein Holzklotz erlaubte, den Berg hinunter.

Fidel setzte ihm nach und verfolgte ihn wie ein Rasender.

Meinen Bindfaden hatte ich dem Stier nicht mehr durch das gestochene Loch ziehen können, doch war mein Plan geglückt; der Stier kam nicht wieder.

Manni und ich sprangen vom Steinblock hinunter und liefen schnell zu dem hohen Bergabhang, wo ich das Pferd zurückgelassen hatte.

50

Es lag noch an seinem Platz und wieder in derselben Stellung, wie wir es früh am Vormittag gefunden hatten, wo es mit Manni durchging.

Mein Bruder dachte gleich an sein Abenteuer und sagte etwas ängstlich:

„Nonni, meinst du nicht, daß es wieder so wild wird wie heute früh?"

„Nein, Manni", beruhigte ich ihn, „da war etwas anderes schuld. – Es ist nur so wild geworden, weil die Schnur viel zu fest gezogen war. Jetzt kann dies nicht mehr passieren, denn ich habe sie vorhin locker gebunden."

Da war Manni beruhigt.

Fidel kam bald außer Atem zurück. Die Zunge hing ihm weit aus dem Maul. Er hatte seine Sache gut gemacht. Wir nahmen ihn in unsere Mitte und lobten und streichelten ihn.

Jetzt erst merkten wir, daß die Sonne schon ziemlich tief stand.

Ich wurde unruhig und sagte:

„Manni, ich glaube, es ist am besten, wir brechen jetzt auf, um heimzureiten. Es wird bald Abend werden, und wir müssen uns beeilen."

Wir sprangen beide auf. Ich band das Pferd los und brachte es diesmal durch freundliche Worte und sanftes Klopfen rasch zum Aufstehen.

Dann kletterten wir beide auf seinen Rücken und galoppierten heimwärts den Berg hinunter.

Fidel sprang freudig bellend vor dem Pferde her.

Manni hielt mich mit beiden Armen fest umschlungen.

Als wir in die Nähe des gefährlichen Abgrundes kamen, wo mir so schwindlig geworden war, fing der Hund plötzlich an zu knurren. Das Pferd wurde unruhig, spitzte die Ohren und blieb stehen.

„Nonni!" rief mein Bruder, „da ist sicher der Stier. Kehr um, Nonni! kehr um!"

Gleich darauf hörten wir ein fürchterliches Gebrüll, und schon sahen wir das schreckliche Tier schnurgerade auf uns zukommen.

Zu Tode erschrocken, wandte ich augenblicklich das Pferd um, und in sausendem Galopp sprengten wir wieder zurück den Berg hinauf.

Der Stier war bald weit hinter uns, er konnte uns nicht mehr erreichen...

Was sollten wir nun aber anfangen? – Der Heimweg war uns versperrt.

Manni fragte bekümmert:

„Nonni, wann werden wir jetzt wohl nach Hause kommen?"

„Ich weiß es nicht", gab ich bedrückt zur Antwort. – „Ich fürchte, wir kommen heute gar nicht mehr heim."

Manni schwieg, und ich sagte auch nichts mehr.

Wir ritten voran über Stock und Stein, an Hügeln und Felsen und neuen Abgründen vorbei. Bald ging es durch weichen Sand, dann wieder über harten Steingrund, bald durch Moos und Heide und über saftig grüne Halden. Diese waren mit prachtvollen Bergblumen übersät.

Doch wir achteten nicht darauf. Wir ritten schweigend fort, hinein in die uns unbekannte Bergeinsamkeit.

In der Höhle des Geächteten

Ich ließ das Pferd gehen, wie es wollte. Fidel lief nebenher.

Endlich gelangten wir zu einer freien Ebene. Rechts oben sah man eine hohe, schräge Felswand. Wie es schien, war es der höchste Gipfel des Berges.

Nun kamen wir vielleicht doch noch auf die Spitze!

Da faßte Manni mich auf einmal am Arm und flüsterte mir angstvoll zu:

„Nonni, dort oben zwischen den Felsen steht ein Mann!

Er schaut gerade zu uns herab!"

Ich hielt das Pferd an, drehte mich zu Manni um und ließ mir von ihm zeigen, wo der Mann stehe. Ich wollte es ihm nämlich nicht glauben.

Es war aber wirklich so, wie er gesagt hatte. Ich sah jetzt auch ganz oben am Rande der Felswand eine menschliche Gestalt.

Manni und ich sprachen nun ganz leise miteinander.

„Wer könnte das wohl sein hier oben in dieser unbewohnten Gegend?" sagte ich zu ihm.

„Es ist vielleicht der Geächtete", erwiderte Manni und hielt mich noch fester.

Ich erschrak.

„Kannst du nicht sehen, wie er aussieht?" stieß ich hastig hervor.

Manni konnte mit seinen scharfen Augen den Mann genau erkennen.

„Ich glaube, er hat eine dunkle Jacke an."

„Und an der rechten Schulter hat er eine Flinte hängen. – Und jetzt sehe ich den Kopf eines Pferdes – das muß ein wenig hinter ihm stehen. – Schau doch, Nonni! – Jetzt nimmt er die Flinte in die Hand!"

Kaum hatte Manni das gesagt, da rief der Mann mit lauter Stimme zu uns herunter:

„Reitet herauf zu mir! – Sofort! – Sonst schieße ich!" Wir zitterten beide vor Angst.

„Was sollen wir tun, Manni?"

„Los, ab, so schnell wie möglich!"

Ich riß am Zügel, stieß das Pferd mit den Füßen in die Seiten und trieb es aufs äußerste an.

Da krachte ein Schuß, und im selben Moment sauste eine Kugel an uns vorbei. Im nächsten Augenblick prallte sie mit einem eigentümlich schmetternden Knall gegen einen Lavablock, nur wenige Schritte vor uns.

„Los, hinter den Stein! – Schnell, schnell" rief Manni, ganz außer sich.

Ich bog sofort rechts ab hinter den großen Steinblock.

Wir stiegen rasch vom Pferd und verkrochen uns, dicht nebeneinander. Fidel schlüpfte ängstlich an meine Seite. Er zitterte am ganzen Leib.

So blieben wir hocken und schauten einander ratlos an. Manni war leichenblaß geworden.

„Was will er denn?" sagte ich nach einer Weile zu meinem kleinen Bruder.

„Ich denke, er will uns totschlagen, Nonni!"

„Das glaube ich nicht, Manni. Wir haben ihm ja nichts getan."

„Ja, aber so machen es die Geächteten. – Es ist gewiß Haldor Helgason von Borg."

„Wenn er es sein sollte, dann sage ich zu ihm, wir kennen seinen Bruder, der sei neulich bei uns zu Hause gewesen. – Dann tut er uns gewiß nichts."

„Ja, Nonni, sag das zu ihm. – Und ich sage, unsere Mutter habe ihm zu essen gegeben."

Bald darauf hörten wir Pferdegetrappel, und unser Roß fing an zu wiehern.

Manni und ich rückten noch näher zusammen. Wir merkten, wie sich der Reiter nun von der anderen Seite dem großen Steinblock näherte und dann vom Pferd stieg.

Uns pochte das Herz.

Fidel knurrte. Ich versetzte ihm einen kleinen Klaps und hielt ihn fest.

Jetzt kam der fremde Mann um die Ecke des Lavablockes.

Verlegen blickten wir zu ihm hinauf und erkannten nun zu unserer Verwunderung – Harald Helgason von Borg wieder! Wir brachten kein Wort hervor.

Harald trat näher.

„Wie? – Seid ihr nicht Nonni und Manni von Mödruvellir? – Guten Tag, Jungen."

„Guten Tag, Harald", entgegneten wir schüchtern und reichten ihm die Hand. Er blickte immer noch finster.

„Wo sind die anderen?" fragte er in scharfem Ton.

„Welche anderen?" sagte ich zaghaft.

„Die Leute, mit denen ihr zusammenseid!"

Manni und ich schauten uns verwundert an und wußten nicht, was wir antworten sollten.

Unterdessen warf Harald hastige Blicke rundumher.

„Wo sind die Leute, mit denen ihr gekommen seid" rief er jetzt mit Donnerstimme.

„Aber wir sind doch mit niemandem gekommen!" sagte ich nun auch etwas lauter. Und Manni fügte hinzu:

„Wir sind ja ganz allein!"

„Ihr seid allein?" fragte Harald zweifelnd und schaute uns scharf an. – „Wollt ihr mir einreden, daß ihr allein so weit von zu Hause fort seid?"

Wir konnten gar nicht begreifen, warum Harald uns nicht glauben wollte.

„Wie habt ihr den Weg hierher gefunden?" fragte er weiter.

„Uns ist das Pferd durchgegangen", erwiderte ich.

„Ihr seid aber doch in aller Ruhe dahergeritten. Ich habe euch ja gesehen."

„Unser Pferd war wild geworden, weil wir vor dem Stier fliehen mußten. Danach war es ruhiger."

Jetzt wurde Harald auf einmal freundlich. Er fragte:

„Seid ihr schon den ganzen Tag hier oben auf den Bergen?"

„Ja, seit heute früh."

Und nun erzählten wir ihm unsere Abenteuer.

Harald hörte uns aufmerksam zu, und als wir fertig waren, sagte er lächelnd:

„Das ist ja die reinste Räubergeschichte. – Ihr seid ja richtige Männer. Hätte ich das gewußt, dann hätte ich nicht geschossen! Ich glaubte, es seien Erwachsene bei euch. – Übrigens, ich habe nicht auf euch gezielt, sondern auf den großen Stein. – Nun werdet ihr aber wohl Hunger haben!"

„Ja, das haben wir – und Fidel auch", erwiderte Manni.

„Das kann ich mir denken", sagte Harald freundlich.

„Kommt jetzt nur mit mir, ich habe zu essen genug für euch beide zusammen und für den Hund."

„Wo wohnen Sie?" fragte Manni.

„Wo ich wohne? – Ich wohne zur Zeit in einer Höhle dort oben auf dem Berge."

„Sie wohnen in einer Höhle? – Ist es nicht Haldor, der in einer Höhle wohnt?"

„Nein, jetzt wohnt er nicht mehr hier. Er hat aber früher hier gewohnt. Ich selbst kehre nur zuweilen in seiner Höhle ein, wenn ich hier oben nach Pferden oder Schafen suchen muß."

Harald stieg nun auf sein Pferd, wir stiegen auf das unsrige. Er ritt voraus den Berg hinauf, wo wir ihn zuerst gesehen hatten.

Als die Pferde mit vieler Mühe den Berghang erklommen hatten, galoppierten wir rasch über einen Höhenzug und dann an einer hohen, durch viele Klüfte und Spalten zerrissenen Felswand entlang. Zuletzt kamen wir an eine Quelle, die aus einer kleinen Vertiefung in dem harten Steinboden hervorquoll.

Da stieg Harald ab und sagte:

„So, ihr Jungen, jetzt sind wir auf Haralds ‚Hof'. Ihr habt mich die vorige Woche so gastfrei empfangen, jetzt will ich es euch vergelten, so gut ich kann."

Wir stiegen ebenfalls ab.

Die Pferde und Fidel tranken sogleich gierig das klare Quellwasser.

Als sie fertig waren, brachte Harald die Pferde zu einem nahen Rasenplatz und band ihnen die Vorderfüße zusammen, so daß sie nur noch kleine Schritte machen und nicht davonlaufen konnten.

Manni und ich schauten uns indes ein wenig um.

Der kleine Manni sagte leise zu mir:

„Nonni, er hat gesagt, hier sei sein Hof. Glaubst du das?"

„Das hat er nur im Scherz gemeint, Manni."

Jetzt kam Harald zu uns und führte uns zu einer engen Felsspalte.

„Das ist der Haupteingang zu meiner Wohnung", sagte er lächelnd.

Er bückte sich tief und trat hinein; wir folgten ihm nach. Fidel blieb immer nahe bei uns.

Als wir ein kleines Stück weit hineingegangen waren, streckte Harald seine Hände zurück und sagte:

„Gebt mir die Hand, da drinnen wird es finster. Und dann müßt ihr aufpassen, daß ihr nirgends anstoßt. Hebt nur ordentlich die Füße."

Wir reichten ihm die Hände; Manni nahm ihn bei der Linken, ich bei der Rechten. Dann gingen wir dicht hinter ihm her und hoben die Füße bei jedem Schritt hoch.

Das war eine höchst sonderbare Wanderung in diesem geheimnisvollen unterirdischen Raum. Es ging immer weiter in den Berg hinein, die Höhle wollte und wollte kein Ende nehmen.

„Es ist ja gerade wie im Märchen", wunderte sich Manni.

„Ja, so ist es, Kleiner", erwiderte Harald, „jetzt kommen wir gleich in den Rittersaal; da werdet ihr schauen!"

„Gibt es auch Zwerge und Berggeister hier?" fragte Manni weiter.

„Das will ich meinen! Die gehen hier aus und ein", sagte Harald und lachte so laut, daß es in dem finsteren Gang widerhallte.

Manni zupfte mich am Arm und flüsterte:

„Nonni, hat er das von den Berggeistern wieder im Spaß gesagt?"

„Bestimmt, Manni; hab nur keine Angst."

„Jetzt gehen wir nach rechts", sagte Harald, „da werdet ihr was Neues sehen."

Es wurde auf einmal wieder hell, und wir sahen gerade vor uns in der Ferne das Tageslicht.

„Das ist aber doch sonderbar!" rief Manni aus. „Ich glaubte, wir seien schon weit im Berge drin, und jetzt gehen wir wieder zum Eingang zurück."

„Das ist ein anderer Eingang", antwortete Harald. „Und nun kommt der Rittersaal."

Als wir eine kleine Weile gegen das Licht gegangen waren, befanden wir uns plötzlich, wie durch einen Zauberschlag, in einer lichten, geräumigen Felsenhalle mit hohem Gewölbe. Von oben strömte durch eine Öffnung Licht herein und beleuchtete den märchenhaften Raum.

Neugierig schauten wir uns in der eigentümlichen Höhle um. Uns gegenüber, aber etwas tiefer liegend, war eine enge, niedrige Felsspalte, die ins Freie führte.

Daneben befand sich eine Feuerstelle.

Rechts daneben war an der Felswand, erhöht auf flachen Steinen, ein Nachtlager gerichtet, das reichlich mit Moos und getrockneten Bergkräutern bedeckt war.

Allerlei Gegenstände, wie Sattel und sonstiges Reitgeschirr, Waffen, Kleidungsstücke und dergleichen, hingen an den Steinwänden.

Das Ganze sah genauso aus wie die Wohnungen der Geächteten, von denen wir schon so viel in unseren Büchern gelesen hatten.

Harald lud uns ein, Platz zu nehmen, und sagte dann:

„So, jetzt wollen wir das Nachtessen herrichten. Dann reite ich nach Mödruvellir hinunter und melde euren Eltern, daß ihr bei mir oben über Nacht geblieben seid."

Manni machte ein betrübtes Gesicht.

„Sollen wir dann ganz allein hier bleiben?" fragte er kleinlaut.

„Ja, ihr reitet erst morgen früh heim, heute ist es für euch zu spät und zu weit. Ihr braucht euch hier nicht zu fürchten, es tut euch niemand etwas zuleid."

„Aber die Berggeister!" versetzte Manni. – „Oder haben Sie nur Spaß gemacht?"

„Deswegen kannst du ruhig schlafen, Manni", sagte Harald lächelnd, „die gehen so still umher, daß ihr sie gar nicht bemerkt."

„Wann kommen Sie dann wieder zurück?" fragte ich.

„Irgendwann in der Nacht. Morgen reite ich dann mit euch hinunter. – Aber jetzt müssen wir ans Essen denken."

Harald machte auf dem Boden Feuer mit Holzreisern und dürren Kräutern.

Während er damit beschäftigt war, sagte Manni lebhaft:

„Nonni, komm, wir gehen hinaus und sehen uns draußen etwas um!"

Ich war sofort dazu bereit, und so schlüpften wir denn durch die enge Felsspalte hinaus.

„Das ist ja wie eine Zauberei!" rief Manni, als wir draußen waren.

Links und rechts von uns ragten gewaltige Lavablöcke hoch empor, und geradeaus, etwas weiter vorne, schoß ein gähnender Abgrund in die Tiefe.

„Wir müssen wohl durch den ganzen Berg hindurchgegangen sein, als uns Harald vorhin durch den dunklen Gang führte", meinte Manni.

„Ja, es ist ein Rätsel", gab ich zur Antwort. „Und ich weiß bald gar nicht mehr, was ich denken soll…"

„Jungen, gebt acht, daß ihr nicht dort vorne hinunterfallt", rief plötzlich Harald aus der Höhle heraus. „Kommt lieber herein!"

Wir gingen wieder zu unserem Gastgeber in die Höhle zurück. Ich sagte gleich zu ihm:

„Es ist aber seltsam mit dieser Höhle! Sie hat ja zwei verschiedene Ausgänge!"

„Das ist ja gerade das Gute an ihr", antwortete Harald. „Wenn man da überfallen wird, kann man sich leichter retten."

„Dann machen Sie es ja wie Hannibal, der an seinem Haus vier Ausgänge hatte."

Harald lächelte.

„Wer hat dir das erzählt?" fragte er.

„Die Mutter", antwortete ich. „Aber sie hat auch gesagt, Hannibal sei trotzdem gefangen worden."

„Ja, das wurde er", fügte Harald ernst hinzu, „und er hat sogar das Leben dabei verloren."

Jetzt nahm Harald sein Messer und schnitt von einem geschlachteten Schaf, das an der Wand hing, mit geschickter Hand einen Schenkel ab.

„Das ist aber ein gewaltiges Stück Fleisch!" sagte Manni verwundert, „das können wir ja gar nicht aufessen!"

„So, meinst du?" antwortete Harald. „Vergiß aber euren Hund nicht, der wird auch Appetit haben!"

„Ja, Fidel muß viel bekommen!" erwiderte Manni jetzt, „er hat heute nur zwei Butterbrote gehabt. – Aber wo ist der Kessel, worin Sie kochen?"

„Hier wird nicht gekocht", belehrte ihn Harald, „hier wird nur am Spieß gebraten."

„Aber dann tun Sie es ja ganz wie die Geächteten!" rief Manni aus.

„Und warum denn nicht, mein Freund?" erwiderte Harald lächelnd.

Damit nahm er einen Eisenspieß von der Wand und stach ihn durch das Fleisch. Dann hielt er es über das lustig flackernde Feuer und drehte es rundherum.

Es dauerte nicht lange, da verbreitete sich in der Höhle ein Duft wie von einem richtigen Braten.

Manni, der nun merkte, daß die Mahlzeit bald anfangen sollte, wandte sich wieder an Harald und fragte:

„Aber wo sind die Teller? Und wo sind die Messer und Gabeln?"

Harald erwiderte: „Was das angeht, Manni, so haben wir unsere eigenen Gebräuche hier oben auf den Bergen. Wart nur ein wenig, du wirst schon sehen."

Als der Braten fertig war, steckte Harald den Spieß in eine kleine Spalte der Felswand. Dann reinigte er einen großen flachen Stein, der am Boden lag, von Staub und Sand und sagte: „Hier haben wir Tisch und Teller, alles in einem. Unsere Taschenmesser benützen wir als Tischmesser und die Hände als Gabeln. Du wirst sehen, Manni, es schmeckt auch so."

Manni sah mich erstaunt an, warf einen verlegenen Blick auf seine nicht ganz sauberen Hände und sagte leise zu mir: „Nonni, das ist aber doch eine merkwürdige Art zu essen."

Harald hatte dies aber nicht gehört. Er war unterdessen einige Schritte weiter in die Höhle hineingegangen.

Dort steckte er seinen Arm in einen Riß der Felswand und holte verschiedene gute Sachen daraus hervor: getrockneten Fisch, Schiffszwieback, Butter, auch Salz und allerlei Gewürz.

Das alles legte er auf die Steinplatte, indem er sagte: „Das Essen ist fertig, wir können uns zu Tisch setzen."

Wir setzten uns auf zwei mit Moos und Gras bedeckte Steine neben dem seltsamen Tisch. Harald schnitt mit seinem Taschenmesser ein großes Stück Fleisch für jeden von uns ab; und nachdem er ein kurzes Tischgebet gesprochen hatte, fingen wir an zu essen.

Wir hatten einen gesunden Appetit und fanden die Mahlzeit ausgezeichnet.

Fidel bekam die Knochen, er zerbiß sie so gierig, daß es laut krachte. Harald ließ ihm ganze Stücke Fleisch daran.

Als wir schon bald fertig waren, holte Harald einen Zinnbecher Wasser aus der Quelle draußen. Und indem er es uns reichte, sagte er freundlich lächelnd:

„Das ist Wein von meinem Felsenkeller. Einen besseren Trunk als den gibt es nicht. Wohl bekomm's – Nun ist es aber Zeit, daß ich nach Mödruvellir reite."

Er wischte noch rasch seinen „Tisch" ab und kleidete sich dann um.

Bevor er ging, zeigte er uns, wie wir uns für die Nacht auf seinem Mooslager einzurichten hätten und wie wir mit ein paar zusammengezimmerten Brettern den Eingang zur Höhle schließen sollten, damit kein ungebetener Gast hereinkäme und uns im Schlafe störe.

Dann nahm er seine Flinte, und wir folgten ihm durch den dunklen Gang der Höhle hinaus.

Er schwang sich auf sein Pferd und ritt schnell davon.

Wir sahen ihm noch lange nach, wie er die Berghalden hinuntergaloppierte, fort in die zerklüftete Felsenlandschaft hinein ...

Jetzt waren wir wieder allein in der großen Bergeinsamkeit, und wir kamen uns selbst wie richtige Bergrecken vor. Die Sonne stand schon tief am Himmel, es mußte also sehr spät geworden sein.

„Hier oben ist es herrlich", sagte ich zu Manni, „hier könnte ich mich sofort niederlassen."

Manni lachte über meinen Einfall und meinte: wenn nur die Mutter nicht wäre, dann würde er auch gern dazu bereit sein.

Wir gingen zu unserem Pferd, das noch immer vor der Felshöhle weidete, und streichelten es.

Dann verschlossen wir den Eingang der Höhle, wie es uns Harald gezeigt hatte. Vor unserem Lager knieten wir nieder und dankten Gott, daß wir den vielen Gefahren entkommen waren.

Dann nisteten wir uns in das weiche Moos und die duftenden Kräuter ein und unterhielten uns noch eine Weile über die seltsamen Erlebnisse des Tages.

Fidel, der immer bei uns blieb, legte sich neben unserem Lager auf den Boden. Er fing bald leise zu schnarchen an.

Wir sagten nun einander gute Nacht und schliefen sofort ein.

Mitten im Schlaf wurde ich plötzlich am Arm gefaßt und hörte laut schreien:

„Nonni! Nonni! – Hilfe! Hilfe! – Nimm dich in acht, Nonni! er stößt dich!" ...

Ich sprang auf und wußte in der ersten Verwirrung gar nicht, wo ich war.

Ich glaubte, ich wäre zu Hause in unserer Schlafkammer, und doch sah alles so ganz anders aus. Die Höhle war nämlich in der nordischen Sommernacht auch jetzt noch ziemlich hell erleuchtet.

Ich kam bald wieder zu mir selber, und nun war mir alles klar; es war mein kleiner Bruder Manni, der so geschrien hatte. Er träumte, wie es schien, von dem wilden Stier. Ich rüttelte ihn, bis er aufwachte.

„Hast du geträumt, Manni?"

Manni richtete sich auf und rieb sich die Augen.

„Ja, Nonni", sagte er, „der wilde Stier war wieder da; ich habe solche Angst gehabt."

„Sei nur ruhig, Manni, der Stier ist nicht da. Wir sind ja in Haralds Höhle!"

Fidel, der nicht begreifen konnte, was geschehen war, sprang zu uns herauf und schnüffelte überall herum. Er suchte offensichtlich einen Feind und wollte uns helfen.

Wir setzten uns nebeneinander, nahmen das gute, treue Tier zwischen uns herauf und streichelten es, bis es wieder ruhig wurde. Da wir nun vollständig aus dem Schlaf gekommen waren, bekam ich große Lust, hinaus ins Freie zu gehen. Ich fragte deshalb Manni:

„Wollen wir nicht hinausgehen und schauen, wie die Nacht hier oben aussieht?"

Manni war gleich damit einverstanden.

Ich warf meine Jacke um die Schulter und half ihm seine rote Jacke anziehen. Dann gingen wir hinaus in die helle Sommernacht.

Überrascht blieben wir stehen.

Der westliche Himmel sah aus wie unendlich weites, ruhiges Meer, das in den herrlichsten, zartesten Farben leuchtete. Es waren zwar nur violette und dunkelblaue, aber sie waren in so mannigfachen Tönen und so wunderbar weich und lieblich vermischt, daß ich es nicht beschreiben kann.

Im Osten dagegen war der Himmel wie ein riesiger Ozean von lauter Glut und Feuer. Da war alles Bewegung und Leben. Es funkelte und sprühte, flimmerte und glitzerte in den schönsten, kräftigsten Farben: golden und rot und gelb und blau und purpurn wogten sie durcheinander.

„Das ist schön", sagte Manni leise.

„Ja, Manni, es ist wunderbar! So habe ich den Himmel noch nie gesehen."

Und dann standen wir beide und betrachteten schweigend diese unvergleichliche, bezaubernde Pracht...
Und ringsumher war alles feierlich still. Wir horchten und horchten, konnten aber nicht das geringste hören.
„Wollen wir nicht einmal laut rufen und probieren, ob uns jemand antwortet?" schlug Manni plötzlich vor.
„Gut, Manni, los."
Wir riefen nun beide, so laut wir konnten, in die stille, friedliche Nacht hinaus, so wie die isländischen Hirten zu rufen pflegten:
„Ho ho!...ho ho!..."
Dann horchten wir. – Aber wir vernahmen nichts als ein schwaches Echo in der Ferne.
Wir riefen noch einmal.
Jetzt hörten wir wieder das ferne Echo und dann einige sonderbare Laute von den nächsten Höhen.
„Was mag das sein?" flüsterte Manni.
„Ich weiß es nicht recht", antwortete ich, „aber ich glaube, es sind Füchse oder Schafe oder Vögel, die wir in ihrer Nachtruhe gestört haben."
Als wir zum drittenmal riefen, hörten wir zu unserem Schrecken ein dumpfes, langgezogenes Brüllen, und dann noch eines. Das erste war weit weg, das andere war nahe.
Jetzt riefen wir nicht mehr. Das Brüllen wollte uns nicht behagen. Ein Bangen und Grausen vor den schlummernden Geheimnissen der Nacht bemächtigte sich unser.
Wir gingen deshalb wieder in die Höhle, schlossen sorgfältig den Eingang und streckten uns auf unser Lager. –
Dann schliefen wir bis zum Morgen.
Ich war der erste, der erwachte; ein leises Rascheln irgendwo in unserer Nähe weckte mich auf. Ich kam aber erst nach und nach aus meinem tiefen Schlaf.
Ich öffnete die Augen.
In der Höhle war es blendend hell. Von der Öffnung oben im Gewölbe floß goldener Sonnenschein herab.
Am Boden knisterte munter ein kleines Feuer, und daneben saß, mit dem Rücken gegen uns gekehrt – Harald.
Auf dem flachen steinernen „Tisch" lag ein Haufen Butter-

brote, dabei standen zwei zinnerne Tassen. An dem Spieß in der Wand war wieder ein großes Stück Fleisch.

Ich richtete mich auf und weckte vorsichtig Manni. Er streckte sich erst und blickte dann verwundert umher.

Jetzt drehte Harald sich um und sagte freundlich:

„Guten Morgen, habt ihr gut geschlafen?"

„O ja", erwiderten wir, und Manni fügte gleich hinzu:

„Sind Sie bei uns zu Hause gewesen? Und haben Sie die Mutter gesehen?"

„Ja, ich bin in Mödruvellir gewesen, und ich soll euch grüßen von euren Eltern."

„Was hat die Mutter gesagt?" fragte Manni lebhaft.

„Das erzähle ich euch nachher beim Frühstück. Ihr müßt jetzt aufstehen."

Wir sprangen hurtig aus unserem Moosbett und machten uns rasch zurecht.

Dann gingen wir hinaus vor die Höhle und beteten dort unser Morgengebet. Harald kam auch hinaus.

Als wir fertig waren, sagte Harald:

„Das war ein schönes Gebet. Betet ihr immer so?"

„Ja", antworteten wir, „die Mutter hat es uns so gelehrt."

„Ihr habt aber auch eine gute Mutter. Sie hat mir viele gute Sachen für euch mitgegeben. Kommt jetzt herein und setzt euch zu Tisch."

Während wir es uns gut schmecken ließen, erzählte Harald von seinem Ritt nach Mödruvellir.

„Auf dem Weg hinunter", so fing er an, „begegnete ich eurem Feind, dem wilden Stier. Er war aber nicht so wild, wie ihr sagt."

„Nicht?" fiel Manni gleich dazwischen. – „Dann kam es gewiß davon, weil Nonni ihn in die Nase gestochen hat."

„Ja, ja, das meinst du, Kleiner. – Ich glaube aber, es kam daher, weil ich keine rote Jacke anhatte wie du. Du mußt nämlich wissen, wenn die Stiere rote Kleider sehen, dann werden sie wild."

„Oh, hätte ich das gewußt", erwiderte Manni darauf, „dann hätte ich meine rote Bluse gleich ausgezogen!"

„Als ich weiter hinunterkam", fuhr Harald fort, „traf ich zwei

Hirten aus Mödruvellir. Sie waren von euren Eltern geschickt und sollten euch suchen. – Auf Mödruvellir waren die Leute schon im Bett, nur eure Mutter und eure Schwester waren noch auf."

„Was haben sie gesagt?" fragte Manni gleich wieder.

„Sie machten sich große Sorgen um euch. Aber dann waren sie sehr erleichtert, als sie erfuhren, daß ihr bei mir oben seid."

„Hat die Mutter geschimpft?" fragten Manni und ich zugleich.

„Nein, ich habe ihr alles erzählt, daß ihr nichts dafür könnt, und wie es euch mit dem Pferd und dem Stier gegangen ist. – Eure Mutter hat mich dann bewirtet und hat mir alle diese Sachen eingepackt, die wir da haben."

„Dann wird sie uns nicht böse sein", sagte Manni zu mir.

Harald lächelte und versicherte uns, daß wir ganz ruhig sein dürften. Dann aber sagte er, wir sollten uns bereit machen für die Heimreise.

Er ließ Manni die rote Jacke ausziehen. Dann wendete er sie um, und nun mußte Manni sie mit dem schwarzen Futter nach außen wieder anziehen.

„Jetzt wird euch der Stier nichts mehr antun", versicherte uns Harald.

Wir dankten ihm von Herzen für alles, was er Gutes getan hatte. Dann gingen wir mit ihm durch den langen finsteren Gang hinaus zu den Pferden.

Manni mußte sich diesmal zu Harald setzen, denn es war viel schwerer, bergab als bergan zu reiten.

Die Pferde galoppierten frisch voran. Es war schon ein schöner Ritt in den sonnenhellen Sommermorgen.

Als wir zu dem verhängnisvollen Platz kamen, wo wir das Abenteuer mit dem Stier erlebt hatten, entdeckten wir sogleich das wilde Tier. – Manni wurde unruhig, doch merkwürdig:

jetzt ließ der Stier uns ruhig vorbeireiten; erleichtert atmeten wir auf.

Als wir den Hof deutlich sehen konnten, zügelte Harald sein Pferd.

„Von hier aus könnt ihr den Weg nach Hause wohl allein finden!"

„Ja, das können wir ganz leicht", sagten wir. „Aber Sie kommen doch mit nach Hause, Harald? Unsere Mutter freut sich bestimmt, wenn Sie mitkommen."

„Nein, Kinder, diesmal reite ich nicht weiter. – Wir werden uns hier trennen müssen."

Nach einer Weile fuhr Harald fort:

„Bevor wir voneinander Abschied nehmen, will ich euch ein Geheimnis anvertrauen."

Neugierig schoben wir uns näher an Harald heran.

„Ich habe mich bis jetzt Harald genannt. – So heiße ich aber nicht..."

Wir schauten ihn mit großen Augen an und brachten vor Überraschung kein Wort heraus.

„Die Umstände", fuhr er fort, „haben mich gezwungen, meinen wahren Namen zu verbergen. Ich hoffe aber, daß ihr jetzt nicht Angst bekommt, wenn ich euch meinen richtigen Namen nenne. Mein wirklicher Name ist – Haldor Helgason von Borg..."

Manni und ich erschraken.

Entsetzt starrten wir Haldor an.

Er aber erzählte weiter:

„Als ich euch vor einigen Tagen auf Mödruvellir besuchte, kam ich in der Absicht, mich beim Amtmann zu melden. Ich war aber darüber so erstaunt, daß ich mich an einem fremden Hof unerkannt aufhalten konnte – und änderte daher meinen Entschluß.

Inzwischen ist es mir mit Hilfe meiner Freunde gelungen, einen Schiffsplatz ins Ausland zu bekommen.

Es wird mir darum nicht mehr schaden können, wenn man meinen Namen weiß und meinen bisherigen Aufenthaltsort kennt.

Von heute ab wird meine Höhle leer sein!"

Haldor schwieg.

Wir schauten ihn noch immer erstaunt an und wußten nicht, was wir antworten sollten.

Doch endlich brach Manni das Schweigen und fragte schüchtern:

„Dann sind Sie aber doch der Geächtete?"

66

Haldor schaute Manni kurz und traurig an und antwortete:
„Ja, kleiner Freund, ich bin wirklich ein Geächteter."
„Aber Sie sehen doch so freundlich aus und sind so gut zu uns
gewesen", entgegnete Manni.
Haldor lächelte:
„Mein kleiner Freund, es gibt Geächtete, die nicht nur wie gute
Menschen aussehen, sondern auch gute Menschen sind."
„Und zu denen gehören Sie, Haldor", versetzte ich über-
zeugt.
Manni fragte ihn jetzt in seiner lebhaften Weise:
„Aber wie sind Sie eigentlich ein Geächteter geworden, Hal-
dor?"
„Ach, das ist eine traurige Geschichte. – Ich bin schuld an dem
Tod eines Menschen – Aber ich war meiner selbst nicht mächtig. Nie hätte ich gedacht, daß ein Mensch dabei ums Leben
kommen würde, nie. Aber ich war leider so betrunken, daß ich
nicht mehr wußte, was ich tat. Das war meine Schuld, und das
werde ich mein ganzes Leben lang bereuen müssen. Eine ver-
teufelte Geschichte. Keinen Tropfen dieses verfluchten Zeugs,
das an meinem Unglück schuld ist, werde ich mehr trinken."
„Dann sind Sie aber auch nicht so bös", fiel Manni wieder ein;
„ich werde es dem Amtmann sagen, dann werden Sie sicher
freigesprochen."
„Das würde wohl nicht viel helfen", sagte Haldor wehmütig lächelnd.
Da wir nicht mehr recht wußten, was wir weiter sagen sollten,
ergriffen wir gleichzeitig die Hand des armen Haldor und
dankten ihm noch einmal für seine Güte.
Haldor, der sehr erregt schien, sprang hastig auf, küßte uns
nach isländischer Sitte zum Abschied, bestieg sein Pferd und
ritt den Berg hinauf.
Wir standen schweigend eine Weile da und schauten ihm nach.
Er wandte sich noch oft um und winkte uns freundlich zu. Dann
aber entschwand er ganz unseren Blicken.
Jetzt stiegen auch wir zu Pferd und ritten bergab dem Hofe zu.
Als wir heimkamen, wurden wir mit offenen Armen empfangen; und daß wir nicht gestraft wurden, das hatten wir Haldor
zu verdanken.

Wir mußten unsere Erlebnisse des langen und breiten erzählen, nicht nur unseren Eltern, sondern auch all den anderen Leuten auf dem großen Hofe.

Noch am selben Tage wurden berittene Männer hinauf zur Höhle geschickt. Sie war aber verlassen. –

Von Haldor hörte man lange Zeit nichts mehr. Man wußte nur, daß er nach England geflohen war.

Erst zwei Jahre später erhielt seine Familie einen Brief von ihm aus Rio de Janeiro in Südamerika.

Haldor schrieb darin, daß es ihm gutgehe und daß Brasilien eines der fruchtbarsten und schönsten Länder der Welt sei. Am Schluß des Briefes standen die Worte:

„Einen freundlichen Gruß an Nonni und Manni, die zwei kleinen Jungen aus Mödruvellir, mit denen ich einst auf den Bergen des Hörgátales zusammentraf."

Júlli und Dúfa

Die Begebenheit, die ich hier erzählen will, gehört zu den erschütternsten Erlebnissen aus meinen Kinderjahren; sie hat einen so starken Eindruck in meiner Erinnerung zurückgelassen, daß ich sie wohl mein Leben lang nicht vergessen werde.
Es war gegen Ende Februar auf einem der größeren Höfe von Nordisland, auf dem ich einige herrliche Ferienwochen verbrachte.
Mehrere Wochen hatten wir nicht einen einzigen warmen Tag gehabt, nur Schnee und ununterbrochen Frostwetter.
Wir Kinder freuten uns über dieses Wetter; denn mit Ausnahme der kleinsten Mädchen konnten wir fast den ganzen Tag Schlitten fahren, Ski oder Schlittschuh laufen.
Abends gingen wir oftmals mit den Melkmädchen in den Kuhstall, schauten dem Vieh beim Fressen zu, streichelten die großen, gutmütigen Kühe oder zählten sie der Reihe nach ab, und wenn die Mädchen fertig waren, gab es frisch gemolkene Milch zu trinken.
Oder wir schlossen uns einem der Schafhirten an und zogen mit zu einem der großen Schafställe, die zehn bis fünfzehn Minuten vom Hof entfernt lagen und von denen jeder über hundert Schafe fassen konnte.
Dort durften wir zwischen den blökenden Schafen umherlau-

fen und Versteck spielen – für uns Kinder ein herrliches Vergnügen!

Aber das war nicht das einzige, was wir in den Schafställen trieben.

Oft sprangen wir in die Krippe, die mitten durch den Stall ging, und überblickten von da aus die langen Reihen der Schafe, die uns neugierig betrachteten.

Dann wieder verschwanden wir in der Heuscheune, die mit der Krippe in Verbindung stand.

In der dunklen Scheune vergruben wir uns in dem würzig duftenden Heu oder sprangen darauf herum und warfen mutwillig einander nieder, bis der Hirt kam und uns hinausrief.

Denn nun sollten die Schafe gefüttert werden!

Schnell waren wir wieder im Schafstall. Die Schafe standen bereits in zwei langenReihen zu beiden Seiten der Krippe. Übermütig sprangen wir in die Krippe und ließen uns von den Schafen beschnuppern. Ja, sie schnappten sogar nach unseren Kleidern, denn wir dufteten ja nach Heu.

Nach der Fütterung ging es dann in der finsteren Nacht unter Anführung des Hirten wieder heim.

Er hielt eine Laterne in der Hand, und wir scharten uns um ihn.

Bisweilen brauchte er aber keine Laterne, wenn das Nordlicht am Himmel mit einem solchen Glanz leuchtete, daß es fast taghell war.

Auf dem Hof angelangt, liefen wir dann gleich in die große Stube, wo die Leute beisammensaßen und jemand eine Saga vorlas oder ein Skaldenlied sang.

Leider aber wurden wir oft zu Bett geschickt, bevor der Sagamann oder der singende Skalde fertig war, und das hatten wir nicht gern.

Unter den fünf Schafställen, die zum Hof gehörten, war einer mit dem merkwürdigen Namen Spanski Kofinn, die „Spanische Hütte". Darin war einstmals eine Anzahl Schafe untergebracht, die aus dem fernen Spanien eingeführt worden waren.

Dieser Stall war unser liebster Aufenthalt.

In der Spanischen Hütte war nämlich ein ganz junges, schneeweißes Lamm, das wir Dúfa (Taube) nannten.

70

Dúfa kannte uns, und wir kannten Dúfa.

Zeigten wir uns in der Tür der Spanischen Hütte, so bahnte Dúfa sich gleich einen Weg durch all die anderen Schafe und gab nicht nach, bis sie bei uns war.

Sie legte dann gern ihr kleines, weißes Köpfchen unter unsere Arme und versteckte es unter unseren Jacken. Im übrigen folgte sie uns überallhin, wohin wir gingen. Wir brachten ihr immer, wenn wir in der Heuscheune gewesen waren, eine Handvoll von dem duftenden Heu mit.

Oft steckten wir einen Teil des Heus in unsere Taschen, und Dúfa mußte dann danach suchen.

Gefunden hat sie es immer, und wir hatten einen riesigen Spaß, wenn sie uns aus der Tasche fraß.

Eines Tages wurden auf dem Hof ein paar Schafe geschlachtet.

Da kam uns Kindern ein schrecklicher Gedanke: Wie – wenn man auch unsere Dúfa einmal schlachten sollte?

Nein, das durfte nie und nimmer geschehen! Der Gedanke war uns unerträglich.

Schnell liefen wir zum Hausherrn und baten ihn inständig, er solle doch niemals unsere liebe kleine Dúfa schlachten lassen. Und wir ließen nicht eher mit Bitten nach, als bis er uns das Versprechen gab.

Wir waren überglücklich! Dúfa sollte immer leben dürfen! – Was uns außer Dúfa an die Spanische Hütte fesselte, war der Hirte dieses Stalles.

Er war einige Jahre älter als wir, kaum 16 Jahre alt, und hieß Júlli.

Wir hatten ihn sehr gern, denn er war immer nett und freundlich zu uns. Was wir an Júlli besonders bewunderten, waren seine Verse.

Er konnte aus dem Stehgreif die schönsten Verse dichten, worüber es auch sein sollte. Sie waren immer treffend, und die Form war so natürlich und klar, daß man sie nur einmal zu hören brauchte, um sie nicht mehr zu vergessen.

Stets hatte er ein großes Notizbuch bei sich in der Tasche. Darein schrieb er Verse, die ihm besonders gut gelungen waren. Das konnte zu jeder beliebigen Zeit sein. So erinnere ich mich noch, wie er in der Spanischen Hütte plötzlich sein Buch hervorholte, einige Zeilen niederschrieb, sie danach glücklich lächelnd durchlas, das Buch wieder rasch in die Tasche steckte und die Arbeit fortsetzte, als ob nichts geschehen wäre.

Übrigens machten es andere Hirten und Knechte des Hofes ebenso wie Júlli. Auch sie dichteten und hatten ihre Notizbücher bei sich, um darin ihre Verse aufzuzeichnen, eine Sitte, die auf Island ziemlich weit verbreitet ist. So wie Júlli aber konnten es die anderen nicht.

Saßen die Männer an den langen Winterabenden in der großen Stube beisammen, dann sprachen sie oft von ihren Gedichten und lasen einander vor, was sie in der letzten Zeit verfaßt hatten.

Eines Abends waren wir wieder draußen in der Spanischen Hütte. Wir spielten eben Versteck zwischen den Schafen und waren über die Maßen lustig und vergnügt.

Da, mitten in unserem größten Toben, ruft Júlli durch den Stall:

„Horcht, Kinder, seid einmal still!"

Wir schauten auf und spitzten die Ohren.

Ein gewaltiger Wind heulte um den Stall und rüttelte und zerrte an den Wänden, daß sie ächzten und wankten.

„Es ist Tauwetter", sagte Júlli; „morgen werden alle Schafe ausgetrieben."

„Ha! morgen werden die Schafe ausgetrieben!" wiederholten wir alle zusammen, liefen zu Júlli hin und hüpften vor Freude im ihn herum.

„Da dürfen wir aber auch mit, Júlli, nicht wahr?"

„Gewiß, ihr dürft auch mit; aber ihr müßt eure Lederstrümpfe anziehen, denn sonst bekommt ihr nasse Füße, und das will die Mutter nicht haben. Bis morgen gibt es viel Schneewasser."

„In den meinigen sind aber Löcher!" sagte der kleine Stebbi betrübt.

„Oh, das macht nichts, Stebbi", tröstete ihn Júlli; „Gunna flickt dir deine Strümpfe heute abend noch, und dann kannst du auch mit."

„Jaja, Stebbi", erklärte die gute Gunna sich bereit, „ich flicke dir die Strümpfe gleich, wenn wir heimkommen."

72

Draußen raste noch immer der Wind, und es war schon Nacht geworden.

Júlli holte die Laterne, wir machten uns auf den Weg.

Bei dem heftigen Wind ging aber bald das Licht aus.

Júlli mußte den Jüngsten von uns auf die Schultern nehmen und ihn auf dem ganzen Heimweg tragen.

Müde erreichten wir den Hof.

Dann aber wurden schnell die Lederstrümpfe nachgesehen, geflickt und an unseren Betten zurechtgelegt.

Als wir morgens aufwachten, hatte der warme Südwind den Schnee von den Bergen und Hügeln fortgeleckt; die Schafherden konnten hinausgetrieben werden. Auf Island geschieht das überall. Sobald der Schnee durch plötzliches Tauwetter schwindet, zieht von jedem Hof der Hirt mit seiner Herde auf die Weide, auch wenn sie in solcher Jahreszeit nur dürftig ist.

Jeder Bauer wartet sehnsüchtig darauf, denn bei 500 bis 600 Schafen schmilzt der Heuvorrat während der langen Wintermonate schnell zusammen.

Für die Kinder aber ist es eine große Freude, wenn es mit den Schafen das erstemal wieder hinaufgeht auf die Berge.

Rascher als sonst tranken wir an jenem Morgen unseren Kaffee, den man in Island sozusagen als Vorfrühstück ans Bett bekommt, und dann standen wir eiligst auf.

Zum Ankleiden war alles hergerichtet, was wir brauchten. Über die Wollstrümpfe zogen wir noch ein Paar andere aus Schaffell. Die reichten ganz hinauf bis zu den Knien und wurden um die Waden geschnürt.

Statt der schweren Schaftstiefel, in denen man nicht so gut springen kann, nahmen wir die leichten Schaflederschuhe und banden sie fest zu, damit das Wasser nicht eindringen konnte. So waren wir gegen die Nässe geschützt und konnten laufen und springen, als hätten wir nichts an den Füßen.

Nachdem wir gefrühstückt hatten, gingen wir hinaus zu den Hirten, die die Schafe aus den warmen Ställen hinauszutreiben begannen.

All die verschiedenen Herden wurden zu einer einzigen großen vereinigt und den Berg hinangetrieben, der eine halbe Stunde vom Hof entfernt lag.

Dort waren die Halden ganz frei von Schneee, und das kurze, grüne Gras sah recht saftig aus.

Wir gingen natürlich mit unseren Lieblingsschafen von der Spanischen Hütte. Die kleine Dúfa lief gleich zu uns und wollte nur in unserer Gesellschaft sein.

Als die einzelnen Schafherden zusammenkamen, wurde das Blöken so stark, daß wir einander kaum noch sprechen hörten.

Einige Tiere zeigten sich so streitsüchtig, daß unterwegs mehrmals Zweikämpfe ausgefochten wurden.

Die Kämpfenden rannten dann mit gesenkten Hörnern wütend gegeneinander.

Kopf stieß gegen Kopf mit solcher Wucht, daß man hätte glauben mögen, Köpfe und Hörner müßten zerbrechen.

So machten sie es drei-, viermal.

Einer dieser Kämpfe endete damit, daß der Besiegte wie tot niederfiel. Er erhob sich jedoch bald wieder und lief schnell hinterdrein. Als wir auf dem Weideplatz anlangten, mischte er sich friedlich unter die anderen.

Die Schafe wurden jetzt sich selbst überlassen.

Von Dúfa nahmen wir besonderen Abschied. Wir streichelten sie zärtlich und sprachen in kindlicher Art zu ihr, sie solle sich von bösen Kameraden fernhalten, denn die würden ja nur raufen und stoßen.

Dann gingen wir mit den Hirten heimwärts.

Dúfa schaute uns wie verlassen noch lange nach, während die anderen Schafe bereits gierig grasten.

Die Herde sollte nun bis zum Nachmittag draußen auf der Weide bleiben und dann wieder in die Ställe heimgeholt werden. Allein es kam anders.

Auf Island ändert sich das Wetter, besonders im Winter, oft unglaublich schnell.

Selten aber habe ich einen so plötzlichen Wetterumschlag erlebt wie an jenem Tage, da wir so glücklich und friedlich mit der Herde ausgezogen waren.

Wir saßen nach dem Mittagessen beisammen in der Wohnstube. Auf einmal wurde es ganz eigenartig still ums Haus. Der

Wind hatte aufgehört zu heulen, und in wenigen Minuten verfinsterte sich der Himmel.

Es war unheimlich.

Die Leute sprangen erregt von ihren Plätzen auf, einer rannte hinaus, kam aber sofort wieder hereingestürmt und schrie laut in die Stube:

„Stórhrid! Es kommt Stórhrid!"

„Du guter Gott!" hörte ich eine Magd rufen, „dann ist es zu spät!"…

Die Hirten und Knechte hatten inzwischen die Winterjacken angezogen und die Schneekappen über den Kopf gezogen.

Jetzt stürzten sie alle hinaus, wir Kinder natürlich hinterher.

Einen Augenblick blieben wir stehen.

Schwarzgraue Wolken bedeckten den ganzen Himmel.

Es war kein Zweifel mehr: ein furchtbarer Schneesturm, eine eigentliche Stórhrid, war im Anzug.

Júlli rief laut:

„Seht, wie die Wolken heranjagen! Macht schnell, wir müssen fort! Die Herde muß gerettet werden! Der Schneefall kann jede Minute beginnen."

Der Hausherr stand mit sorgenvoller Miene daneben.

„Wagt es lieber nicht", sagte er beklommen; „die Gefahr ist zu groß. Wir müssen die Schafe ihrem Schicksal überlassen."

Júlli aber erklärte bestimmt:

„Wenn keiner mit mir geht, dann gehe ich allein. Wo viel auf dem Spiel steht, da muß auch viel gewagt werden!"

Er besann sich nicht lange. Er nahm einen langen Stab, der an dem einen Ende eine lange Eisenspitze hatte, und lief, so schnell er konnte, mit zwei kräftigen Hunden dem Berge zu.

„Gott sei ihnen gnädig!" sagten einige.

Schweigend gingen wir wieder in die Stube.

Einer von den Älteren unterbrach das Schweigen. „Das war Wahnsinn, bei diesem Wetter sich vom Hof zu entfernen. Die Hirten werden ganz gewiß eingeschneit."

„Jaja", fügte nachdenklich ein anderer hinzu, „sie hätten hierbleiben sollen; da droben werden sie ein kaltes Grab finden."

Der Hausherr war sehr ernst und niedergeschlagen. Ehe er es

hätte verhindern können, waren die mutigen Hirten losgezogen. Eine bange Viertelstunde verstrich.

Dann aber brach ein fürchterlicher Orkan los.

Die Schneemassen schlugen, vom Wind geworfen, mit solcher Wucht auf die Dächer, daß man es im ganzen Hause poltern und krachen hörte.

Ich lief an die Haustür und starrte hinaus.

Welch ein Anblick!

Man sah weder Erde noch Himmel, noch Luft.

Millionen von Schneeflocken wirbelten wie rasend durcheinander. Sie fielen fort und fort hernieder, stets gejagt von neuen Millionen: ein zahlloses Heer beschwingter Eiskristalle, die gekommen schienen, um die Erde zu überfallen und alles unter ihren mächtigen Massen zu begraben, Menschen und Tiere, Häuser und Höhen, Felsen und Klüfte.

Wer jetzt im Freien war, der war ihnen wehrlos ausgeliefert. Man mußte sich lebendig begraben lassen und warten, bis der wilde Angriff aufhörte.

Drinnen in der Stube sprach niemand ein Wort; alle waren wie gebannt von der Macht der entfesselten Naturkräfte.

In wenigen Augenblicken war es stockfinster geworden, denn alle Fenster waren im Nu mit einer dicken Lage Schnee bedeckt.

Man mußte die Lichter anzünden.

Ich sann still und stumm vor mich hin. Meine Gedanken weilten draußen auf dem Berge.

Wie wird es den vier Hirten gehen? dachte ich. Und Júlli! Er lag jetzt irgendwo tief unter dem Schnee. Oh, wenn er nur am Leben bleibt!

Und dann all die vielen Schafe, besonders die arme, kleine Dúfa, auch sie erlitten dasselbe Schicksal.

Während wir in der warmen Stube saßen, mußten sie draußen in dem schrecklichen Unwetter frieren, begraben unter dem kalten Schnee!...

Der Orkan tobte mit ungeschwächter Kraft.

Der rasende Sturm wurde in meiner Vorstellung zu einem unbändigen lebenden Wesen, das wie ein Berserker wutschnaubend über unsere Gegend hinfuhr.

Aber immer wieder mußte ich daran denken: unsere Leute und die vielen hilflosen Schafe und Lämmer, sie waren verschneit und begraben!...

So saßen wir in der großen Stube beim Lampenschein, als wenn es stockfinstere Nacht wäre. Daß es Abend wurde, konnte man bloß an der Uhr merken.

Als wir Kinder zu Bett gingen, baten wir in unserem Abendgebet Gott noch besonders darum, daß er Júlli und Dúfa und all den anderen helfen möchte.

So gingen wir denn zu Bett, traurig und mit verweinten Augen. Lange noch waren wir wach. Schließlich aber wurden wir müde und schliefen ein...

Mitten in der Nacht wurde ich geweckt: eine kleine Hand legte sich vorsichtig auf meinen Kopf.

Ich griff nach ihr – es war der kleine Waldi, der aufgestanden und an mein Bett gekommen war.

„Nonni", flüsterte er, „ich kann nicht schlafen. – Glaubst du, Júlli und Dúfa müssen sterben?"

„Ich weiß nicht", erwiderte ich leise.

Das war alles, was ich sagen konnte.

Wir wurden beide wieder so traurig, daß wir zu weinen anfingen.

Der Orkan toste draußen noch immer; doch schien es, als wäre er etwas schwächer geworden.

Nach einer Weile sagte Waldi:

„Warum ging aber Júlli auch hinaus? Das hätte er nicht tun sollen."

„Nein", antwortete ich, „das hätte er nicht tun sollen; aber er ist eben so mutig."

„Ja", fügte Waldi hinzu, „und er hat immer gesagt, er wolle lieber ein kurzes Leben mit Ehre als ein langes mit Schande..."

Dann ging er schluchzend zurück in sein Bett.

Als uns am Morgen das Mädchen den Kaffee ans Bett brachte, war unsere erste Frage:

„Wie ist das Wetter?"

„Die Stórhríd ist vorbei", sagte sie; „die Männer sind jetzt gerade daran, sich vorn bei der Tür hinauszugraben."

„Und was ist mit den Hirten und Schafen?"

„Die Männer werden, sobald der Gang frei ist, losziehen, um die Eingeschneiten auszugraben", erwiderte das Mädchen.

„Und sind sie nicht erstickt?" fragte ich aufgeregt.

„Ich hoffe nicht", beruhigte uns das Mädchen. „Die Luft kann leicht auch durch dicke Schneeschichten hindurchdringen. Manchmal kommt es sogar vor, daß Schafe mehrere Wochen lang tief unter dem Schnee begraben liegen und schließlich noch lebendig gefunden werden."

Wir kleideten uns nun rasch an und liefen durch den dunklen Gang zur Haustür.

Dort schaufelten einige Knechte einen Gang durch den Schnee. Nach langer, mühsamer Arbeit kamen sie bis zur Oberfläche des Schnees empor, und nun drang wieder Tageslicht zu uns herab.

Damit man leichter hinaufsteigen konnte, wurden in die Schneewand Stufen gehauen.

Das Wetter war wieder klar, aber frostig kalt.

Inzwischen wurden alle Vorbereitungen getroffen, die Hirten und Schafe zu bergen.

An langen Holzstangen wurde spiralenförmig starker Eisendraht befestigt. Das drahtumwickelte Ende wird bei der Suche nach den Eingeschneiten in den Schnee gesteckt, bis man auf Widerstand stößt. Dann dreht man die Stange wie einen Korkenzieher in den Pfropfen einige Male herum. Steckt die Stange fest, dann muß sich die Drahtspirale in der Wolle eines Schafes oder in den Kleidern eines Menschen verwickelt haben.

Andere Männer suchten Schaufeln und Spaten auf dem Hof zusammen, pfiffen die Hunde herbei, die noch im Hause waren. Dann verließ der so eigenartig ausgerüstete Zug den Hof.

Nach einiger Zeit kletterten wir Kinder vor der Haustür die hohe, feste Schneewand hinauf.

Oben war es grimmig kalt; aber es bot sich uns ein seltsamer Blick dar.

Der Hof und seine Umgebung war nicht wiederzuerkennen.

Das Land ringsum war in eine endlose Fläche von weißem, schimmerndem Schnee verwandelt. Selbst unser großes Gehöft war beinahe verschwunden. Da, wo es stand, sah man nur eine einzige große Erhebung in dem Schneeteppich.

Bald entdeckten wir die Männer, die auf der Suche nach den Verunglückten waren. Sie bewegten sich hierhin und dorthin, kamen ab und zu in kleinen Gruppen zusammen, als wollten sie miteinander beraten, und dann begannen sie von neuem zu suchen. Auch die Hunde sahen wir, wie sie umherschweiften, und da und dort mit den Vorderbeinen im Schnee scharrten.

Dann liefen die Männer schnell herbei und steckten ihre Stangen hinab.

Doch es kam uns vor, als ob sie nichts fänden.

So standen wir ziemlich lange da in dem festgefrorenen Schnee, zitternd vor Kälte, und verfolgten aufmerksam die Bewegungen der Männer droben auf der Höhe.

Plötzlich drang aus der Tiefe eine Stimme zu uns herauf.

„Kinder, kommt jetzt herein! Kommt alle herein!"

Es war die besorgte Hausmutter, die nach uns rief.

Wir kletterten die Schneewand hinunter und gingen in die warme Stube.

Die Lampen waren jetzt überall gelöscht, es war wieder Tageslicht da.

Von den Fenstern auf dem schrägen Dach hatte man den Schnee fortgeschaufelt und Eisschollen über die Scheiben gelegt, damit sie klar blieben, und so fiel das Licht von oben in alle Stuben und Zimmer hinein.

Die Hausmutter brachte uns allerlei zu essen und warme Milch zu trinken. Jedoch es wollte uns nicht recht schmecken. Wir saßen bedrückt um den Tisch und hatten keine Ruhe. Bald mußte der eine, bald der andere von den Größeren hinausgehen und den Schneegang hinaufkriechen, um zu schauen, wie die Dinge droben auf dem Berge stünden.

Aber jeder machte die gleiche Meldung: „Pad sama, pad sama, altaf pad sama – Dasselbe, dasselbe, immer dasselbe!"

So vergingen einige Stunden.

Endlich, nach langem, unruhigem Warten, kam Waldi, der gerade ausgesandt war, herbeigerannt und rief mit lauter Stimme, ein Mann auf Ski komme den Berg heruntergesaust, die anderen dagegen seien beieinander an einem Platz versammelt.

Dann lief er gleich wieder hinaus.

Sofort eilten wir ihm nach, und im Nu standen wir alle wieder auf unserer Ausschau.

Wie ein Pfeil schoß der Mann, auf seinen langen Skiern fest und sicher stehend, den Berg herab. Er hielt einen Stab in der Hand und steuerte sicher an jedem Hindernis vorbei. Schnell kam er näher und sauste mit einer kühnen Wendung im Halbkreis auf uns zu.

Eilig erzählte er: die vier Leute habe man leider noch nicht gefunden, doch sei man soeben auf die Herde gestoßen.

Sie werde bereits von einem Teil der Mannschaft ausgegraben. Die anderen aber wollten nach den vier Männern suchen. Er sei vom Hausherrn geschickt worden, um für die Leute etwas zum Essen und Trinken zu holen.

Wir gingen in die Stube. Dort bekam er gleich etwas zu essen. Zuletzt gab es noch eine Tasse Kaffee und ein gutes Glas Kognak.

Unterdessen wurde alles hergerichtet, was er mitnehmen sollte, und in einen Sack verpackt.

Darauf dankte er der Hausfrau, band sich den Sack auf den Rücken und machte sich wieder auf den Weg zum Berg.

Wir hielten wieder abwechselnd Ausschau.

Diesmal war es Bjössi, der eine neue Botschaft brachte. So hastig, daß wir ihn kaum verstehen konnten, rief er zur Tür herein, vom Berge kämen mehrere Männer herab.

Schnell wie der Wind sprangen wir hinaus, und sogar ein paar Mägde folgten uns nach.

Die eingegrabenen Stufen der Schneewand konnten wir jetzt schon mühelos hinaufklettern.

Wir erblickten auch gleich die Männer.

Sie hatten keine Schneeschuhe und gingen auffallend langsam. Voraus sprangen die Hunde.

„Gott sei Dank!" sagten die Mägde, „jetzt sind sie doch gefunden worden, die Unglücklichen, und sie sind alle am Leben."

Unsere Freude kannte keine Grenzen.

Nun kommt Júlli wieder, und noch heute abend gehen wir mit ihm zur Spanischen Hütte und besuchen unsere liebe kleine Dúfa!

Wir Kinder dachten überhaupt nur an Júlli und Dúfa und konnten gar nicht erwarten, bis sie wieder da waren.

Wir liefen hinein zur Hausfrau und baten um die Erlaubnis, den Heimkehrenden entgegengehen zu dürfen.

Die Bitte wurde gewährt.

In aller Eile zogen wir unsere wärmsten Kleider an und die Schneekappen tief über den Kopf, denn es war noch immer sehr kalt draußen.

Von unseren Gesichtern sah man jetzt nur noch die Augen und Nase, alles anderen war warm geborgen in der wollenen Schneekappe.

Die Nasenspitze, das wußten wir aus Erfahrung, brauchten wir bloß ab und zu ein wenig mit den weichen Handschuhen zu reiben, dann war auch sie vor dem Erfrieren gesichert.

So liefen wir voller Erwartung über die glitzernde Schneedecke. Bei jedem Schritt knarrte und kreischte der Schnee. Bald stießen wir auf die fünf Männer.

Aber kaum daß wir sie näher sahen, blieben wir wie gelähmt vor Schrecken stehen und starrten sie an; nur drei der eingeschneiten Hirten waren dabei. – *Júlli fehlte!*

Mir blieb fast das Herz stehen, als mir klarwurde, daß Júlli noch nicht gefunden war.

Die drei Hirten sahen ernst vor sich hin.

Als wir sie fragten, wo denn Júlli sei, sagten sie nur, sie seien nicht bei ihm gewesen, als der Schneesturm begann. Doch würden sie uns Näheres daheim erzählen.

Auf dem Heimweg betrachteten wir die Männer etwas genauer. Jetzt erst merkten wir, wie erschöpft sie waren. Ihr Gesicht war bleich und gelb. Sie konnten nur ganz langsam gehen.

Ihren Hunden dagegen, die mit ihnen begraben waren, merkte man nichts an. Die liefen umher, spielten miteinander und sprangen, vor Freude bellend, an uns hinauf.

Bald hatten wir den Hof erreicht.

In der warmen Wohnstube halfen wir den Männern, die gefrorenen Kleider und Ledersocken auszuziehen. Inzwischen holte die Hausmutter gewärmte Unterkleider und wollene Decken für sie.

Eine Viertelstunde später lagen alle drei in ihren Betten, eingehüllt in die warmen Decken, daß kaum noch der Kopf herausschaute.

Nach einer kleinen Weile bekamen sie gutes Essen ans Bett und auch etwas Warmes zu trinken: heiße Milch, Thymiantee und ein wenig Rum. Dann schliefen sie bald ein.

Die Hunde wurden ebenfalls nicht vergessen. Sie bekamen extra feines Futter und durften an diesem Tag ausnahmsweise in der Wohnstube bleiben. Hinten beim Ofen wurden ihnen weiche, warme Säcke hingelegt, auf denen sie schlafen konnten.

Nachdem so alles für die Verunglückten getan war, kamen die beiden Männer an die Reihe, die sie nach Hause begleitet hatten.

Beim Essen in der Wohnstube erzählten sie uns, wie es mit der Rettung zugegangen war.

„Die drei Hirten sind nicht von uns gefunden worden, sondern sie hatten sich mit letzter Kraft selbst herausgegraben. Während die Hunde nach ihnen umherschnüffelten und wir beständig nach ihnen bohrten, kamen sie auf einmal in aller Ruhe über den Schnee auf uns zu!"

„Und wo ist Júlli?" fragten wir gespannt.

„Júlli haben wir noch nicht gefunden", erwiderten die Männer. „Die Hirten waren gestern so schnell den Berg hinaufgeeilt, daß sie die große Herde noch erreichten, bevor der Sturm losbrach. Da entdeckten sie, daß einige Schafe ein gutes Stück weiter oben waren. Kurz entschlossen lief Júlli hinauf, um die abseits grasenden Schafe zu den anderen zu treiben. Da es immer dunkler und dunkler wurde, verloren die Hirten ihn bald aus den Augen; und dann überfiel sie auch schon der furchtbare Orkan. Nun wissen wir wenigstens so ungefähr, wo Júlli begraben liegen muß."

Der arme Júlli. Was mußte er wohl leiden unter dem kalten, tiefen Schnee! Wir konnten es uns vorstellen, da wir seine geretteten Kameraden gesehen hatten!

Wir weinten viele Tränen um ihn, nichts konnte uns trösten.

Gegen Abend wollten wir Kinder noch hinaus in die Spanische Hütte. Ich weiß selbst nicht, wie das kam: wir waren so traurig und zu gar nichts aufgelegt, aber zur Spanischen Hütte, wo wir so oft und gern bei Júlli geweilt hatten, zog es uns hin.

War jetzt auch ein anderer Hirt an seiner Stelle, so hatten wir doch noch einen guten Freund dort, unsere liebe kleine Dúfa.

Die Herde war nämlich fast ganz ausgegraben und dann gleich heimgetrieben worden in die Ställe. Nur wenige Schafe sollten noch fehlen.

Wir gingen also zur Spanischen Hütte, um Dúfa wiederzusehen.

An der Tür riefen wir ihren Namen.

Die Schafe schauten uns an, aber Dúfa kam nicht wie sonst auf uns zu.

Sollte sie am Ende nicht unter den Geretteten sein?

Ängstlich durchsuchten wir den ganzen Stall.

Dúfa war nicht da!

Wir suchten ein zweites, drittes Mal, jedes einzelne Schaf genau betrachtend. Doch vergeblich – unsere liebe Dúfa fehlte...

Wir fingen zu weinen an und begaben uns auf den Heimweg.

Unser Schmerz war unermeßlich. Gerade die zwei, die wir am liebsten hatten, waren nicht gefunden worden.

Der gute, teure Júlli und die arme, kleine Dúfa mußten noch einmal übernachten draußen unter dem dichten Schnee! –

Als wir zum Hofe zurückkamen, gingen gerade zwei Männer mit Laternen fort. Sie wollten die Nacht hindurch nach Júlli suchen und bohren.

Wir Kinder aber beteten wie am Abend vorher inständig zu Gott, er möge doch Júlli und Dúfa nicht sterben lassen...

Früh am nächsten Morgen wurden die beiden Männer von anderen abgelöst, und die mühsame Arbeit wurde vier volle Tage und Nächte fortgesetzt. Durch die dicke Schneedecke wurden unzählige Löcher gebohrt, aber von Júlli fand sich keine Spur! Schließlich stellte man die Nachforschungen ein, denn jetzt konnte man mit Sicherheit annehmen, daß Júlli tot war.

Die Zeit verging nur langsam.

Da endlich, nach etwa vier Wochen, wurden wir aus unserem traurigen Zustand aufgerüttelt.

Wie damals, als man die Schafe auf die Weide trieb, kam auch jetzt wieder ganz plötzlich ein heftiger warmer Südwind dahergebraust.

Der Schnee schmolz so rasch, daß es eine Überschwemmung gab. Haus und Hof und Stallgebäude standen bald wieder frei da, und vom Berg her begann es grün herabzuleuchten.

Aber auch diesmal hörte das Tauwetter plötzlich auf; wir bekamen wieder klares Frostwetter und von dem Schneewasser Glatteis.

Doch die Jahreszeit war schon vorgeschritten; es war Ende März. Da sind die großen plötzlichen Schneestürme nicht mehr so zu fürchten.

Wir größeren Kinder baten deshalb die Hausfrau, mit dem Hirten, der nach Júlli und Dúfa suchen sollte, auf den Berg ziehen zu dürfen.

Wir erhielten die Erlaubnis.

Droben bei der Unglücksstätte verteilten wir uns nach verschiedenen Seiten und suchten und suchten.

Wir liefen bald da-, bald dorthin, vor und wieder zurück, schauten links und schauten rechts, aber von Júlli und Dúfa entdeckten wir keine Spur...

Allmählich hatte ich mich ziemlich weit von den anderen entfernt.

Da gab der Hirt mit seiner Flöte das verabredete Zeichen, worauf wir Kinder zu ihm kommen sollten.

Als ich das Zeichen hörte und zu dem Hirten laufen wollte, geschah etwas Unglaubliches:

Die Eisrinde, auf der ich zu springen begann, brach plötzlich durch, und ich sank zu meinem größten Schrecken tief in den Boden hinein!...

Im ersten Augenblick war ich wie gelähmt und konnte nicht einmal einen Schrei ausstoßen.

Ich war in ein unterirdisches Gewölbe hinabgestürzt!

Anfangs konnte ich gar nichts sehen, es war mir ganz schwindlig vor den Augen. Doch muß ich bald wieder zu mir gekommen sein.

Schmerzen spürte ich nicht. Ich stand auf und blickte mich vorsichtig um.

Da erschrak ich von neuem, daß ich am ganzen Leib zitterte und laut um Hilfe schrie.

Vor mir stand nämlich ein schneeweißes Tier und sah mich mit leuchtenden Augen an! Daneben lag ein zweites weißes Tier, das rührte sich nicht...

Erst nachdem ich den größten Schrecken überwunden hatte, erkannte ich, daß beide Tiere weiße – Schafe waren!

Wer aber kann die Überraschung beschreiben, die ich erlebte – das stehende Tier, das mich so fest mit seinen glänzenden Augen anschaute, war – Dúfa!...das andere Schaf war jedoch tot.

Ich habe in meinen Kinderjahren mehr als einmal seltsame Erlebnisse gehabt; aber so wie dieses hat mich wohl keines überrascht und berührt.

Ja, unsere so lang und schmerzlich vermißte Dúfa stand leibhaftig vor mir und lebte!

Allmählich wich meine Furcht, und es überkam mich eine unbeschreiblich große Freude.

Ich näherte mich ihr vorsichtig und rief sie beim Namen.

„Du kleine Dúfa", sagte ich, „jetzt habe ich dich also wiedergefunden! – Arme Dúfa, hast so lange hungern und frieren müssen! Und der böse Schneesturm hat dich nicht mehr heimkommen lassen zu uns, und wir alle haben dich gesucht in der Spanischen Hütte und haben dich nicht gefunden."

Nun sah ich mich in dem Gefängnis, in das ich niedergestürzt war, etwas um und überlegte, wie ich mich und Dúfa befreien könnte.

Es war eine rundliche Höhle, eine Eiskuppel. Sie mochte an zwei Ellen hoch sein und maß wenigstens ebensoviel im Durchmesser. Die Wände, vorher von Schnee, waren jetzt in Eis verwandelt.

Daß ich allein nicht hinaufkäme, war mir klar, und so rief ich laut um Hilfe. Doch die anderen schienen mich nicht zu hören, und so mußte ich aushalten, bis sie mich entdeckten.

Indessen betrachtete ich Dúfa näher und sah jetzt, daß ihre Augen wirklich in einem ungewöhnlichen Glanz leuchteten.

Das arme Tier war dem Tode nahe vor Hunger und Entbehrung. Doch hielt es sich immer noch aufrecht und reckte fortwährend seinen Kopf an mir hinauf, als wollte es wie früher in meinen Taschen nach Heu suchen.

Ich versuchte es aufzuheben und merkte zu meinem großen Erstaunen, daß ich es ohne die geringste Schwierigkeit heben konnte! Es bestand nur noch aus Haut und Knochen. Jetzt erst begriff ich vollends, wie unsäglich Dúfa die lange, lange Zeit gelitten haben mußte in dieser kalten, finsteren Eishöhle!

Wie gern hätte ich ihr etwas zu fressen gegeben!

Allein, ich fand keinen Halm mehr in der ganzen Höhle, nicht eine einzige Wurzel, nur feine, aufgescharrte Erde. Die beiden unglücklichen Tiere hatten alles aufgefressen. Und jetzt war das eine schon vor Hunger umgekommen.

Als ich das tote Schaf näher betrachtete, entdeckte ich, daß ihm an mehreren Stellen die Wolle ausgerissen war!

Das schien mir sonderbar. Wie mochte das wohl geschehen sein? Ich überlegte.

Ja, jetzt wußte ich es, so unglaublich es mir zuerst auch vorkam: es war Dúfa, die in ihrem wahnsinnigen Hunger die Wolle vom Körper des toten Tieres gerissen und verschlungen hatte.

Ich begann nun wieder laut um Hilfe zu rufen, so lange, bis endlich der Hirt und gleich nach ihm die anderen Kinder oben am Rand der Höhle erschienen.

Was jetzt folgte, kann ich nicht im einzelnen beschreiben, so lebhaft ging es zu.

Als die Kinder hörten, daß ich Dúfa gefunden habe und bei ihr unten in der Höhle sei, da waren sie außer sich vor Freude. Jedes wollte uns zuerst sehen.

Sie drängten sich so stürmisch vor, daß der Hirt sie mit Gewalt zurückhalten mußte, sonst wäre sicher ein Unglück geschehen.

Nun streckte er die Arme zu mir herunter, und ich nahm Dúfa und reichte sie ihm entgegen.

Danach zog er mich hinauf und sprang dann selber in die Höhle, um sie zu besichtigen.

Auf dem Heimweg, als wir an einem schönen grünen Plätzchen vorbeikamen, wollten wir Dúfa gleich grasen lassen, damit sie ihren fürchterliche Hunger etwas stillen könnte.

Der Hirt aber verwehrte es uns ganz entschieden.

„Das wäre das Schlimmste, was wir machen könnten", sagte er; „sie muß ganz vorsichtig behandelt werden, wenn sie am Leben bleiben soll."

Daheim wurde sie in einen eigenen Raum gebracht; und was uns Kindern am meisten leid tat: sie bekam vorerst nichts zu fressen.

Man erklärte uns, daß man erst versuchen müsse, die Wolle, die sie verzehrt hatte, wieder herauszubekommen.

Als dies durch Eingeben von Öl glücklich gelungen war, begann die Fütterung mit altem, trockenem Heu. Davon erhielt sie aber anfangs nur sehr kleine Portionen, und auch die in ziemlich langen Zwischenzeiten.

Dúfa erholte such zu unserer Freude viel schneller, als wir gedacht hatten, und wir konnten sie in der Spanischen Hütte wieder besuchen, sooft wir wollten.

Von Júlli hatte man sonderbarerweise noch keine Spur. Wir hätten gern nach ihm gesucht, aber wir fürchteten uns davor; denn wir wußten, daß er längst tot war...

Wieder vergingen einige Wochen. Im April taute es noch stärker, und der Schnee schmolz fast ganz weg.

Eines Morgens nun, als ein paar Männer des Hofes eben auf den Berg gegangen waren, kam einer von ihnen eiligst wieder heim und erzählte, sie hätten unten in einer tiefen schmalen Felsenschlucht Júllis Leiche gefunden. Sie hätten sie aber noch liegenlassen, denn sie wollten die Sache erst dem Hausherrn melden.

Der Hausherr befahl sofort einigen Männern, eine Tragbahre und Decken herzurichten.

Dann zogen sie hinauf. Wir Kinder aber durften diesmal nicht mit.

Eine gute Stunde später sah man den traurigen Zug den Berg herabkommen und sich langsam dem Hof nähern.

Die Leiche war in die mitgenommenen Decken eingehüllt.

Daheim hatten inzwischen die Frauen in einer „Skemma", einem kleinen, mit den Wohnhäusern verbundenen Außengebäude, einen langen Tisch bereitgestellt.

Darauf wurde unser Freund gelegt.

88

Als wir Kinder ihn so aufgebahrt sehen durften, brachen wir in heftiges Weinen aus.

Wir konnten Júlli noch gut erkennen. Seine Gesichtszüge hatten sich wenig geändert.

An der einen Schläfe aber sah man eine große, klaffende Wunde.

Man hatte ihn auf dem Gesicht liegend gefunden auf dem Grunde der Kluft unter einem vorragenden Felsenstück.

Jetzt wußte man auch, warum man mit den langen Stangen nicht hatte zu ihm hinabdringen können, als man im Schnee so eifrig nach ihm suchte; die Stangen konnten nur bis zum Felsvorsprung gelangen, unter dem er lag.

Alles andere erklärten sich die Männer so:

Gleich zu Beginn des Schneesturmes hatte Júlli versucht, den höchsten Punkt der Lavablöcke zu erreichen, um eine weniger dicke Schneeschicht auf sich zu bekommen. Dann aber war er in die Kluft hinabgestürzt und mit dem Kopf auf einen Stein aufgeschlagen. Er hatte sich dann noch unter das breite Felsenstück geschleppt, wo man ihn fand.

Nach zwei Tagen wurde der Tote in einen schönen Sarg gelegt, den einige Hirten verfertigt hatten.

Zu seiner letzten Ruhestätte wurde Júlli nicht, wie es sonst auf Island Brauch ist, zu Pferde gebracht, sondern es trugen ihn den langen Weg seine vielen Freunde.

Der Weihnachtsbesuch auf Skipalón

Es war am Vormittag des 24. Dezember auf meinem elterli-
chen Hof Mödruvellir in Nordisland.
Draußen war es grimmig kalt, in den letzten Tagen waren ge-
waltige Mengen Schnee gefallen. Unsere Hofgebäude waren
schon zur Hälfte im Schnee begraben.
Mein Bruder Manni und ich saßen in unserer kleinen Wohnstube und waren voller Erwartung auf den Weihnachtsabend.
Da auf einmal hörten wir von draußen her ein dumpfes Geräusch. Bum! Bum! Bum! dröhnte es an der Außentür des
Hofes...
„Ein Reisender!" rief Manni und klatschte vor Freude in die
Hände.
Wirklich, es mußte ein Fremder auf den Hof gekommen sein;
denn überall in Island ist es Brauch, daß sich ein Gast mit sei-
nem langen Reisestock durch drei kräftige Schläge an die höl-
zerne Giebelwand nahe der Eingangstür anmeldete.
Ich sprang auf und lief in das benachbarte Zimmer, wo meine
Mutter und meine Schwester Bogga zusammen saßen, um ih-
nen das Ereignis zu melden.
„Es ist ein Fremder da!" rief ich in das Zimmer hinein.
„Ja, Nonni", erwiderte meine Mutter, die schon aufgestanden
war, „auch wir haben die Schläge gehört."

90

„Mutter", bat ich, „darf ich mit Manni hinauslaufen, um zu sehen, wer angekommen ist?"

„Ja, Nonni", antwortete sie freundlich, „geht nur hinaus, und führt den Gast in die Stube. Ich werde ihn dort empfangen."

Das ließ ich mir nicht zweimal sagen.

„Manni", rief ich meinem Bruder zu, „komm mit hinaus! Wir wollen den Gast in die Stube führen!"

Manni sprang auf. Ich nahm ihn bei der Hand, und so begaben wir uns in den dunklen Gang, der nach draußen führte.

„Wer kann das nur sein, der bei solchem Wetter zu uns kommt?" fragte ich Manni gespannt. „Draußen ist es so kalt, und es liegt so viel Schnee. Ich möchte jetzt nicht unterwegs sein."

Manni blieb plötzlich stehen, hielt mich zurück und flüsterte: „Wer weiß, vielleicht ist es ein Gespenst, Nonni...!"

Ich stutzte, denn es gab auf dem Hof Leute, die wirklich an Gespenster glaubten. Doch dann gab ich mir einen Ruck und beruhigte Manni:

„Sei doch nicht so abergläubisch: Es gibt ja gar keine Gespenster. Das hat uns die Mutter schon so oft gesagt."

Der Kleine ließ sich beruhigen, hielt sich aber doch ganz dicht an meiner Seite, bis wir den kleinen Vorraum vor der Ausgangstür erreicht hatten.

Ich schob den Riegel zurück und machte auf.

Als wir in größter Spannung hinausschauten, sahen wir oben auf dem harten, weißen Schnee einen kräftigen Jungen von etwa fünfzehn Jahren. In der linken Hand hielt er einen langen hölzernen Stab, der mit einer eisernen Spitze versehen war. Er trug schwarze Kniehosen und eine schwarze Jacke mit einer doppelten Reihe großer gelber Messingknöpfe. Eine dunkelbraune Schneehaube, die er bis an die Schultern heruntergezogen hatten, bedeckte fast sein ganzes Gesicht und ließ nur Augen und Nase frei.

Einen Augenblick musterte ich den Gast, konnte jedoch nicht erkennen, wer es sei.

Als er aber zu sprechen begann, fuhr ich freudig zusammen; denn an der Stimme erkannte ich sofort einen meiner besten Freunde: Baldur von Skipalón.

„Guten Tag, Nonni!" rief Baldur mir munter zu, „ich komme von Skipalón herüber, um dich zu besuchen."

„Wie schön, Baldur", rief ich und kletterte die Stufen aus hartgefrorenem Schnee hinauf, die von den Knechten in die hohen Schneemassen gehauen worden waren. Manni folgte nach.

Unterdessen hatte Baldur seine Schneehaube abgenommen, und als ich ihn oben erreichte, umarmten wir uns, wie es auf Island Sitte ist, wobei ich ihn herzlich willkommen hieß.

„Aber, Baldur", fügte ich dann hinzu, „ist es wahr, daß du bei einem solchen Wetter hierherkommst, nur um mich zu besuchen?"

„Ja, es ist wahr, Nonni", sagte Baldur und lachte dabei. „Ich habe sogar noch etwas für dich in der Tasche."

„Etwas für mich in der Tasche?" rief ich gespannt.

„Ja, Nonni. Und kannst du wohl auch raten, was es ist?"

„Ich glaube, es sind Rosinen, Baldur."

„Nein, Nonni."

„Sind es vielleicht Feigen?"

„Nein."

„Dann ist es Kuchen."

„Auch nicht."

„Dann sind es wohl Spielsachen oder Bilder?"

„Nichts von alledem, Nonni. Es ist etwas noch viel Schöneres."

„Noch viel Schöneres? Was kann das denn sein?"

„Nonni, jetzt gehen wir mit Baldur hinein. Es ist hier so kalt", unterbrach uns der kleine Manni.

„Du hast recht, Manni", erwiderte ich und bat Baldur, uns zu folgen.

Er hob seine Skier auf und folgte uns die Schneestufen hinunter. In dem kleinen Vorraum stellte er die beiden Skier und den Stab gegen die Wand und schüttelte dann sorgfältig den losen Schnee von seinen Kleidern und Füßen.

Schnell machte ich die Außentür wieder zu. Manni und ich nahmen sodann Baldur in die Mitte, um ihn durch den langen Gang in die warme Wohnstube hineinzuführen.

Wer aber war unser Gast?

Baldur war der jüngste Hirt auf dem Hof Skipalón.

Skipalón lag nur einige Kilometer von unserem Hof Mödruvellir entfernt, jenseits des reißenden Flußes Hörgá, nahe dem Atlantischen Ozean.

Da der Hausherr und die Hausmutter dort zu dem Freundeskreis meiner Eltern gehörten, wurde ich oftmals nach dem schönen Skipalón eingeladen, und ich hielt mich dort manchmal tagelang auf.

Der beste meiner Freunde auf Skipalón war Baldur. Er besuchte mich auf Mödruvellir, sooft er nur Gelegenheit fand.

Und wenn er zu uns kam, brachte er mir gern kleine Geschenke mit: bunte Bilder, Feigen, Rosinen und süßes Backwerk.

Als wir durch den dunklen Gang zurückgingen, fragte ich voller Ungeduld:

„Aber nun sag doch Baldur, was du in deiner Tasche hast!"

Baldur lachte und erwiderte:

„Das erzähle ich dir, wenn wir in der Stube sind."

„Warum sagst du es mir nicht gleich?"

„Weil du dich viel mehr freust, wenn du etwas darauf warten mußt."

„Ach Baldur, ich glaube, daß ich mich am meisten freue, wenn du es mir jetzt gleich sagst!"

Wieder lachte Baldur, blieb stehen und sagte:

„Nun gut, Nonni, wenn du das meinst, so will ich dich nicht länger plagen."

Dann faßte er mich am Arm und flüsterte mir geheimnisvoll zu:

„Ich bringe einen Brief mit vom Hausvater von Skipalón."

„Einen Brief? Dann gib ihn her, Baldur."

„Nein, Nonni, noch nicht. Ich soll ihn deiner Mutter geben."

Inzwischen waren wir bis an die Tür zur Wohnstube gelangt, und wir gingen nun hinein.

Baldur trat zu meiner Mutter und machte ein Verbeugung.

„Willkommen, mein lieber Baldur!" sagte meine Mutter freundlich zu ihm.

Dann gab Baldur meiner Schwester Bogga die Hand und wurde auch von ihr willkommen geheißen.

Unterdessen stellte ich einen Stuhl neben den Tisch und bat Baldur, Platz zu nehmen.

Als er sich gesetzt hatte, fragte meine Mutter:

„Was führt dich heute zu uns, Baldur?"

Baldur zog den Brief aus seiner Tasche, übergab ihn meiner Mutter und sagte: „Ich soll Ihnen diesen Brief überbringen."

„Danke dir", erwiderte die Mutter.

Dann legte sie den Brief auf den Tisch und sagte:

„Bevor ich ihn lese, will ich dir aber etwas zu essen holen. Du wirst sicher hungrig und müde sein."

„O nein", sagte Baldur, „ich bin gar nicht müde. Auf dem glatten Schnee ging es mit den Skiern leicht voran."

„Eine kleine Stärkung wird dir doch guttun", sagte meine Mutter und ging mit Bogga aus der Stube.

Bald kamen sie wieder zurück und setzten Baldur einige Erfrischungen vor.

Nun öffnete meine Mutter den Brief und las ihn leise für sich.

Dann wandte sie sich lächelnd zu mir und fragte:

„Weißt du, Nonni, was in dem Brief steht? Am besten ich lese ihn dir gleich vor."

Man kann sich denken, wie ich die Ohren spitzte, als meine Mutter den Brief wieder in die Hand nahm und las:

„Es würde mich sehr freuen, wenn Nonni zu uns nach Skipalón kommen könnte, um während der Weihnachtstage bei uns zu bleiben. Ich schlage vor, daß er mit Baldur gleich herüberkommt.

Baldur kennt den Weg und ist ein sicherer Führer. Der Schnee ist so hart geworden, daß Nonni leicht darüber zu Fuß gehen kann. Der Hörgáfluß macht auch keine Schwierigkeiten. Er ist fest gefroren. Ich hoffe, daß Sie einverstanden sind und daß Baldur heute nachmittag nicht allein, sondern zusammen mit dem kleinen Nonni hierher zurückkehren wird."

„Nun, was sagst du zu dem Brief?" fragte lächelnd meine Mutter.

Ich sprang auf, schlang meine Arme um ihren Hals und sagte.

„Nicht wahr, liebe Mutter, du wirst mich doch mit Baldur nach Skipalón gehen lassen?"

„Hast du wirklich so große Lust, Nonni?"

94

„O ja, Mutter."

„Und vor der Kälte ist dir nicht bange?"

„Aber Mutter, nicht im geringsten. Ich ziehe meine wollene Schneehaube über den Kopf. Dann sind meine Ohren und mein Gesicht geschützt. Und dann ziehe ich auch noch meine langen Schneestrümpfe an. Dann bleiben mir die Füße warm und trocken. – O Mutter, laß mich bitte mit Baldur gehen!"

So bat und bettelte ich, bis meine Mutter schließlich nachgab. Doch bestimmte sie, daß unser Knecht Gudmund uns bis nach Skipalón begleiten sollte.

Ich kann nicht beschreiben, wie glücklich ich war. Ich fiel meiner Mutter noch einmal um den Hals und dankte ihr für die Erlaubnis.

„Bogga", sagte sie, „geh hinaus und sage Gudmund, er soll in die Wohnstube hereinkommen."

Bogga lief in die Schreinerwerkstatt, wo Gudmund beschäftigt war.

Kurz darauf klopfte Gudmund an die Tür.

Wie der Wind lief ich hin und öffnete, worauf Gudmund mit seiner schwarzen Pelzmütze in die Stube trat.

Gudmund war ein sehr großer und starker Mann. Er trug einen schwarzen Vollbart. Auch seine Haare und Augen waren rabenschwarz.

Er hatte eine ungewöhnlich tiefe und starke Stimme.

Wenn er rufen mußte oder in Erregung kam, dann klang sie geradezu wie ein Donnergetöse.

„Gudmund", redete meine Mutter ihn an, „könnten Sie mit Baldur und Nonni heute nachmittag nach Skipalón gehen?"

„Gewiß, Frau", antwortete Gudmund mit seiner Donnerstimme. „Wann sollen wir aufbrechen?"

„Am besten bald, etwa in einer Stunde."

„Gut, in einer Stunde bin ich bereit."

„Baldur ist auch auf den Skiern hierhergekommen. Am besten nehmen Sie wohl auch Skier mit. Nonni muß allerdings zu Fuß gehen. Er würde auf seinen kleinen Skiern nicht schnell genug vorankommen."

„Wenn Sie nichts dagegen haben, so würde ich ihn am liebsten bis Skipalón tragen, er ist ja erst sieben Jahre."

„Können Sie das? Werden Sie nicht zu müde?"

„Von Müdigkeit wird keine Rede sein. Ich werde den Jungen auf meinen Schultern sitzen lassen."

„Wenn Sie das wollen, ist es gut. Ich weiß, Gudmund, daß ich mich auf Sie verlassen kann."

Der Knecht grüßte und ging aus der Stube.

Meine Mutter bat Bogga, mir vor der Abreise noch etwas zu essen zu geben. Darauf zog sie mir warme, wollene Sachen an und gab mir einige Ermahnungen mit auf den Weg.

Zuletzt schrieb sie an den Hausherrn von Skipalón einen kurzen Brief, den sie Baldur anvertraute. Dann war es auch schon Zeit, sich zu verabschieden.

Als wir die Schneestufen hinaufstiegen, stand Gudmund schon reisefertig da.

Er sah aus wie ein nordischer Held aus alten Zeiten. In der Rechten hatte er einen langen, kräftigen Reisestab, der mit einer starken Eisenspitze versehen war. Wie wir Jungen trug er lange Schneestrümpfe aus weißer Wolle.

Seine übrigen Sachen waren schwarz, nur sein breiter Gürtel war aus braunem Leder.

Wie eine Maus neben einem Elefanten, so kam ich mir an der Seite des riesigen Mannes vor.

„Nonni litli – du kleiner Nonni!" rief er mir mit seiner Donnerstimme zu. „Ich glaube, ich setze dich gleich auf meine Schultern hinauf. Da sitzt du am besten. Meinst du nicht auch?"

„Ich weiß nicht recht, Gudmund", gab ich zur Antwort. „Am liebsten möchte ich zu Fuß gehen. Ich werde versuchen, schnell voranzukommen."

„Gut, Kleiner", donnerte es zu mir herunter, „du kannst es ja zuerst einmal versuchen."

Jetzt zog ich meine Schneehaube ein wenig hinauf und gab meiner Mutter, Bogga und Manni den Abschiedskuß.

„Ich wünsche dir ein schönes Weihnachtsfest, Nonni!" rief Bogga mir nach.

Dankend winkte ich mit der Hand zurück.

Dann lief ich, so rasch ich konnte, zwischen Gudmund und Baldur auf Skipalón zu.

Es war nicht ganz einfach, mit den beiden Skiläufern Schritt zu halten. Ich mußte mich sehr anstrengen, um einigermaßen mitzukommen.

Schon nach kurzer Zeit wurde ich müde. Gudmund merkte es und schlug mir wieder vor, mich auf seine Schultern zu setzen.

„Nonni", sagte er, „du bist ja schon ganz müde, und doch gehen wir nur langsam voran."

„Das kommt daher, weil er noch so kurze Beine hat", bemerkte neckend mein Freund Baldur.

„Ja, daher kommt es", sagte Gudmund. „Deshalb wäre es gut, wenn du dich etwas ausruhtest."

„Ja, Gudmund", erwiderte ich. „Jetzt können Sie mich auf Ihre Schultern setzen."

Kaum hatte ich diesen Wunsch geäußert, da beugte sich Gudmund zu mir herunter, faßte mich mit seinen großen, starken Händen, und bevor ich mich auch nur besinnen konnte, saß ich oben auf den breiten Schultern des kräftigen Mannes.

„So, Nonni, jetzt sollst du sehen, wie wir vorwärtskommen." Und wirklich, die beiden tüchtigen Skiläufer, der kleine Baldur und der große Gudmund, flogen nun schnell über die glatten Schneefelder hinweg.

Ich mußte mich in acht nehmen, um nicht von meinem hohen Sitz hinunterzufallen, besonders wenn die Skier wegen der Härte des festgefrorenen Schnees nach der Seite ausglitten.

„Halte dich gut an meinem Kopf fest, Nonni", rief mir Gudmund zu.

Das tat ich auch. Trotz alledem war ich doch nicht ganz sicher auf meinem beweglichen Sitz, weil die Schultern und der Oberkörper meines Trägers oft heftig nach allen Seiten hin schwankten und schlingerten.

„Festhalten, Nonni", rief Gudmund mir dann und wann aufmunternd zu.

„Jaja, Gudmund", rief ich jedesmal zurück und klammerte mich mit allen Kräften an seinen Kopf fest.

Einmal aber, bei einer ungewöhnlich raschen Wendung Gudmunds, verlor ich den Halt und fiel mit dem Oberkörper rücklings herunter. Doch blitzschnell faßte er mich beim rechten Fuß und rettete mich im letzten Augenblick vor einem Kopfsprung auf die harte eisige Schneekruste.

„Nonni, Nonni!" sagte Gudmund, während er mich , den Kopf nach unten, mit ausgerecktem Arm beim Fuß hielt, „das darf nicht noch einmal geschehen, sonst brichst du dir noch den Hals!"

Baldur eilte auf mich zu, faßte mich bei den Armen und stellte mich auf den Schnee hinunter.

„Hast du dir weh getan, Nonni?" fragte er.

„Nicht im geringsten", erwiderte ich munter. „Aber es ist sehr schwer, sich festzuhalten, weil Gudmund mich so stark schüttelt."

„Das läßt sich nicht vermeiden, Nonni", sagte Gudmund.

„Wir werden aber etwas langsamer vorangehen, dann wirst du dich besser festhalten können."

„Das will ich auch tun", sagte ich; „es ginge aber besser, wenn meine Beine irgendeinen Halt hätten."

„Stecken sie doch seine Beine in Ihre Brusttasche", schlug Baldur vor. Wir mußten alle drei über diesen Einfall lachen.

„Deinen Vorschlag ist gar nicht dumm", sagte Gudmund und untersuchte die äußere Brusttasche seines Rockes. Sie war so breit und so tief, daß meine beiden Füße bequem darin Platz hatten.

„Das wird gut gehen", sagte er; „wir wollen es gleich probieren."

Er hob mich mit seinen starken Armen in die Höhe und setzte mich an meinen früheren Platz. Dann nahm er meine Füße und steckte sie in seine Brusttasche. Sie sanken bis über die Knöchel in die tiefe, warme Tasche hinein.

„Wie geht es jetzt, Nonni?" fragte Gudmund.

„Ausgezeichnet", erwiderte ich voll Freude, denn ich fühlte, daß ich jetzt ganz fest im „Sattel" saß.

„Ihr könnt jetzt so schnell laufen, wie ihr wollt", rief ich den beiden zu, „ich werde nicht mehr herunterfallen."

Sie setzten sie wieder in Bewegung, und nun ging es in dem winterlichen Halbdunkel weiter über die hügelige Schneelandschaft.

Bald kamen wir an einen größeren Hügel heran. Die beiden Skiläufer stiegen von den Skiern ab und mußten den Hügel zu Fuß erklimmen. Ich bat Gudmund, mich von seiner Schulter zu nehmen. Um meine Beine wieder etwas zu bewegen, wollte ich mit ihnen den Hügel zu Fuß besteigen.

Baldur und Gudmund banden eine dünne Schnur vorn an ihren Skiern fest und zogen sie hinter sich her.

Als wir oben angekommen waren, machten wir eine kurze Rast. Tief unter uns lag der breite, reißende Hörgálfluß, der jetzt vollständig mit dem Eis und Schnee bedeckt war. Weiter hinten konnten wir den Atlantischen Ozean entdecken.

Zwischen dem Fluß und dem Meer waren in der weiten Schneedecke einige kleine Erhöhungen zu sehen.

Baldur wies mit der Hand dorthin:

„Siehst du, Nonni, da sind die Hofgebäude von Skipalón, wir sind bald am Ziel."

Gudmund sagte nichts. Er schaute aufmerksam in Richtung des Meeres. Auch Baldur sah jetzt dorthin und rief auf einmal:

„Das ist aber merkwürdig, die Eisberge sind da!"

„So, kannst du sie auch sehen, Baldur?" fragte Gudmund.

„Aber gewiß. Siehst du sie auch, Nonni?"

Ich strengte daraufhin meine Augen an und sah nun auch durch den aschgrauen Meeresnebel etwas wie eine blendend weiße Hügellandschaft draußen mitten im Wasser.

„Bis jetzt haben wir auf Mödruvellir nichts von der Ankunft der Eisberge gehört", bemerkte Gudmund.

„Es ist doch sonderbar", sagte Baldur; „als ich heute morgen von Skipalón wegzog, waren sie noch nicht da."

„Dann treiben sie jetzt erst an. Morgen wird der ganze Golf Eyjafjördur voll davon sein", erwiderte Gudmund.

„Wie freut es mich", rief ich aus, „daß die Eisberge nach Skipalón gekommen sind! Ich werde jeden Tag an den Strand gehen und auf die schönsten und höchsten von ihnen hinaufklettern!"

„Das läßt du lieber bleiben, Nonni", warnte mich Gudmund.

„Aber warum denn?" fragte ich enttäuscht.

„Weil Gefahren damit verbunden sind", erwiderte er.

„Aber ich bin doch kein kleines Kind mehr, Gudmund. Ich bin nun doch schon über sieben Jahre alt."

Gudmund und Baldur schauten mich an und mußten laut lachen.

Etwas ärgerlich rief ich aus: „Ich habe gar keine Angst vor den Eisbergen."

„Das will ich dir gerne glauben, du kleiner siebenjähriger Held", antwortete Gudmund. „Die Eisberge machen dich nicht bange. Aber die Tiere, welche auf den Eisbergen leben; hast du keine Furcht vor ihnen?"

„Was für Tiere?"

„Seelöwen, Seehunde und Eisbären. Was würdest du machen, wenn du auf dem Eis einem hungrigen Eisbären begegnest?"

„Dann würde ich schnell nach Hause laufen."

„Die Eisbären laufen aber schnell, Nonni. Ich rate dir, paß lieber auf, daß du ihnen nicht zu nahe kommst."

Bei diesen warnenden Worten Gudmunds kamen mir einige Geschichten in den Sinn, die ich zu Haus von diesen gefährlichen Raubtieren gehört hatte: wie sie zuweilen ans Land kommen und alles in Stücke reißen, was ihnen begegnet, Menschen wie Tiere.

Ich wurde etwas kleinlauter und fragte:

„Meinen Sie, Gudmund, daß auch jetzt Eisbären auf dem Eis sind?"

„Gewiß, Nonni, es sind fast immer welche da. Mit den Eisbären ist nicht zu spaßen."

Warum wir gerade von den Eisbären miteinander sprachen, weiß ich nicht; aber das weiß ich mit Sicherheit, daß keiner von uns in diesem Augenblick daran dachte, wir könnten auf der kurzen Strecke, die uns noch von Skipalón trennte, diesen gefährlichen Raubtieren begegnen.

Und hätte man uns vor diesen Tieren gewarnt, wir hätten sicher über solche Warnungen gelächelt.

Gudmund machte unserem Gespräch ein Ende:

„Jetzt wollen wir aber weitergehen. Ich muß noch heute abend nach Mödruvellir zurückkehren."

Er nahm seinen Stab, den er in den Schnee gesteckt hatte, und bestieg wieder seine Skier. Baldur tat das gleiche.

Dann packte mich der starke Mann, als wäre ich eine leichte Feder, und setzte mich wieder auf seine Schultern. Ich steckte die Füße in seine Brusttasche und hielt mich mit beiden Händen an seinem Kopf fest.

100

Den langen Stab in beiden Händen haltend, setzten sich die Skiläufer wieder in Bewegung.

Blitzschnell glitten wir den Hang hinunter dem Flusse zu. Der Fahrtwind war so stark, daß ich beide Augen schließen mußte. Dabei hatte ich das Gefühl, als müßte ich durch das schnelle Hinuntersausen ersticken.

Doch bald waren wir auf der flachen Ebene vor dem Fluß angelangt. Wir behielten dort unten noch eine Zeitlang das schnelle Tempo bei und hatten uns dem Fluß auf etwa zehn bis zwanzig Meter genähert – da auf einaml stieß Gudmund mit seiner Donnerstimme einen furchtbaren Schrei aus:

„Halt Baldur! halt!" Gleichzeitig bremste er mit solcher Gewalt, daß ich beinahe heruntergefallen wäre.

Baldur, der einige Meter rechts von uns auf seinen leichten Skiern voranglitt, konnte nicht so schnell halten. Er schoß in rascher Fahrt bis zum Flußufer hin und glitt sofort über das zugefrorene Flußbett. Hier gelang es ihm endlich, anzuhalten. Schnell bog Gudmund auf Baldur zu.

„Was ist?" rief Baldur erstaunt.

Ohne auf seine Frage zu achten, schrie Gudmund:

„Vorwärts, Baldur, so schnell du kannst, nach dem anderen Ufer! – Halte dich fest, Nonni! Um Gottes willen, halte dich fest! – Es gilt das Leben!"

Ich konnte die furchtbare Erregung Gudmunds gar nicht begreifen.

Auch Baldur schüttelte verständnislos den Kopf, kam aber eifrig dem Befehl Gudmunds nach und strengte sich aufs äußerste an, vorwärtszukommen. Die beiden flogen auf ihren leichten Skiern über den Fluß hin.

Ein paarmal drehte Gudmund den Kopf und schaute zurück, wobei ich jedesmal nahe daran war, das Gleichgewicht zu verlieren. Als er das jenseitige Ufer erreicht hatte, streifte er blitzschnell die Skier von den Füßen ab und warf sie in stürmischer Eile den Hang hinauf.

„Tu wie ich! Tu wie ich!" schrie er gleichzeitig Baldur zu, der dem aufgeregten Mann blindlings und in größtmöglichen Eile folgte.

Ein paar Sekunden darauf hatten wir das Ufer erklommen.

„Die Skier schnell wieder an!" brüllte Gudmund.

Im Nu war auch das getan.

Doch bevor wir uns wieder in Bewegung setzen konnten, ertönte plötzlich hinter uns ein fürchterliches, markerschütterndes Geheul.

Unwillkürlich drehten wir uns um.

Was wir aber da sahen, ließ uns das Blut in den Adern stocken: vom Fluß her kamen zwei schneeweiße Ungeheuer, zwei echte grönländische Eisbären, in schnellem Lauf auf uns zu.

Unglücklicherweise war die letzte Strecke, die uns von Skipalón trennte, aufsteigendes Gelände. Auf Skiern kamen wir nur langsam voran.

Deshalb faßte Gudmund einen raschen Entschluß.

Er warf die Skier von seinen Füßen und stellte mich in aller Eile auf den Boden nieder.

„Wirf die Skier fort!" rief er gleichzeitig Baldur zu, „und suche zu Fuß mit Nonni nach dem Hof zu entkommen."

Kaum waren diese Worte ausgesprochen, da hatten die beiden Bestien daß Flußbett überquert und schickten sich an, auf das Ufer zu uns hinaufzuspringen.

Indessen hatte mich Baldur an der Hand gefaßt und zog mich, so rasch er konnte, vorwärts bergan auf Skipalón zu. Im Laufen schauten wir beide unwillkürlich zurück.

Mit seinem langen Stab bewaffnet, hatte Gudmund sich gegen die Tiere gewandt und suchte sie daran zu hindern, auf das Ufer hinaufzuklettern.

Unerschrocken brüllte er die Bären an und drohte ihnen mit seinem Stab.

Es gelang ihm, die Tiere für einen Augenblick stutzig zu machen.

Ich sah, wie er mit seinem Stab dem einen von ihnen einen Stich in den Kopf gab. Ein kurzes zorniges Gebrüll war die Antwort.

Einen Augenblick später waren die beiden wütenden Bären auf das Ufer zu Gudmund hinaufgesprungen.

Voll Entsetzen blieben Baldur und ich stehen, denn jetzt hielten wir Gudmund für verloren.

Doch der tapfere Mann drohte, stach und fuchtelte so gewandt und so gewaltig mit dem spitzen Stab und schrie und brüllte dabei so unmenschlich stark, daß die Eisbären sich vor ihm zu fürchten schienen und ein wenig zurückwichen.

Gudmund wollte seinen Vorteil ausnützen und setzte ihnen unverzüglich nach.

Das half. Sie wandten sich jetzt von Gudmund ab, versuchten jedoch, in einem kleinen Bogen an ihrem lästigen Gegner vorbeizukommen, um sich auf die zwei kleineren, aber auch leichtere und sicherere Beute – Baldur und mich – zu werfen.

Gudmund, der die furchtbare Gefahr, die uns drohte, sofort erkannte, lief nun, so schnell er konnte, nach derselben Richtung, wie die Bären, aber so, daß er immer zwischen ihnen und uns blieb.

Da er aber merkte, daß sie schneller laufen konnten als er, schrie er uns zu:

„Kommt zurück! Zurück! Zurück! – Stellt euch hinter mich!"

Wir begriffen sofort die schreckliche Gefahr und machten auf der Stelle kehrt.

In namenloser Angst flogen wir über den Schnee dahin.

Zitternd am ganzen Leib, stellten wir uns hinter Gudmund auf.

Jetzt blieben auch die Bären stehen.

Gudmund fuhr fort, ihnen mit Stab und Stimme zu drohen.

Es war klar, sie hatten Respekt vor ihm.

Baldur und ich erholten uns rasch von unserer Angst. Ja, Baldur wurde so kühn, daß er sich neben Gudmund stellte und nun auch mit seinem Stab und seiner Stimme den Bären zu drohen anfing.

Gudmund ließ ihn gewähren und rief ihm ermunternd zu:

„Gut, Baldur! Zeig nur keine Furcht. Das merken die Tiere gleich. Aber geh keinen Schritt weiter vor!"

Diese Worte gaben dem tapferen Baldur noch mehr Mut.

Fest schaute er den Bären in die Augen und versuchte nach Gudmunds Beispiel, mit seinem Stab nach ihnen zu stechen.

Jetzt schämte ich mich, ganz allein zurückzustehen, und stellte mich an der anderen Seite von Gudmund auf, richtete mein kleines Stäbchen wie eine gefährliche Mordwaffe gegen die Bären und versuchte sogar, ihnen nach dem Beispiel Baldurs mutig in die Augen zu schauen.

„Bravo, Nonni! Nur tapfer und kühn! Aber etwas weiter zurück!" sagte Gudmund.

Diese aufmunternden Worte Gudmunds nahmen mir den letzten Rest meiner Furcht. Ich stellte mich ein wenig zurück und hatte das Gefühl, als hätten die Bären nun auch Angst vor mir.

Die gefährlichen Raubtiere verloren uns keinen Augenblick aus den Augen, gierig lauerten sie darauf, einen von uns wegschnappen zu können.

„Länger dürfen wir nicht so stehen", sagte Gudmund, „sonst fallen sie plötzlich über uns her."

„Was sollen wir tun?" fragte Baldur.

„Gute Miene zum bösen Spiel machen", sagte Gudmund. Nach einer Pause fügte er hinzu:„Uns dreist und keck zeigen. Das ist das einzige, was sie zurückhält…"

Und dann befahl er in stückweise gesprochenen Sätzen, den Blick starr auf die Tiere gewandt:

„Wir müssen den Hof langsam zu erreichen suchen…

Wenn ich zurückgehe, geht auch ihr zurück. Und immer etwas hinter mir bleiben…"

„Jetzt paßt auf! Ich greife sie an. Lauft schnell auf den Hof zu…"

Nach diesen Worten fing Gudmund wieder sein Kriegsgeheul an und sprang, seinen Stab nach vorne richtend, auf die Tiere los. Wie zornige Hunde wichen sie augenblicklich zurück.

Gudmund aber sprang so nah an sie heran, daß er mit der scharfen Eisenspitze seines Stabes dem einen eine tiefe Wunde in die Seite beibrachte.

Die Tiere zogen sich beide weiter zurück, heulend vor Schmerz, setzte sich der verwundete Bär auf den Schnee und leckte das Blut aus seiner Wunde.

„Jetzt schnell zurück!" kommandierte Gudmund.

Ohne die Eisbären einen Augenblick aud den Augen zu verlieren, nahmen Gudmund und Baldur mich in die Mitte, und liefen so schnell es nur ging, nach dem Hof, den Abhang hinauf.

Doch es dauerte nicht lange, da setzten sich die Bären schon wieder in Bewegung und liefen uns nach.

„Halt!" befahl Gudmund und drehte sich wieder gegen die furchtbaren Verfolger um. Laut schreiend drohte er ihnen mit seinem spitzen Stab und zog ihnen wie vorher unerschrocken entgegen. Mutig stellten wir uns neben ihm auf und suchten ihn in seinen Bewegungen und seinem Schreien nachzuahmen.

Wie vorher wichen die Tiere erschrocken etwas zurück, besonders der eine, der verwundet war.

Jetzt wagte sich Gudmund an den anderen heran, und bald gelang es ihm, auch diesem eine empfindliche Stichwunde beizubringen.

Das ganze Manöver wiederholte sich mehrere Male, und so kamen wir dem Hofe immer näher.

Mehrmals hatte Gudmund mit seinem Stab den beiden Raubtieren Stichwunden beigebracht – jedesmal wichen sie dann zurück, ließen aber doch nicht von uns ab.

„Sie sind feige", sagte Gudmund, „aber der Hunger teibt sie. Die große Gefahr für uns ist, daß sie sich plötzlich auf uns stürzen."

Endlich waren wir Skipalón auf etwa hundert Schritt nahe gekommen.

Ich war sehr müde geworden und strauchelte häufig, wenn wir uns vor den grausigen Tieren zurückzogen.

Das beunruhigte Gudmund.

„Es ist sonderbar", sagte er, „daß niemand vom Hof unsere Rufe gehört hat. Es müßten doch heute am Weihnachtstage dort viele Leute sein."

„Sie sitzen sicher alle in der Wohnstube", sagte Baldur, „da können sie nichts hören."

„Trotzdem wollen wir um Hilfe rufen", meinte Gudmund.

Wir wandten uns nun, sooft unsere schreckliche Lage es erlaubte, dem Hof zu und riefen:

„Hilfe! Hilfe!"

Die durchdringende Stimme Gudmunds dröhnte mit einer solchen Kraft, daß sie die innersten Räume des Hofes erreichen mußten.

Auf einmal hörten wir kräftige Rufe, die von dem Hauptgebäude von Skipalón kamen.

Bald wurden neben den Häusern auch einige Gestalten sichtbar.

„Wir kommen euch gleich zu Hilfe", hörten wir bald darauf

einige kräftige Stimmen, und wenige Minuten später verließen drei bewaffnete Männer den Hof und kamen im Laufschritt auf uns zu.

Einer von ihnen trug eine Vogelflinte in der Hand, die zwei anderen hatten spitze, eiserne Stangen.

Die Bären stutzten, als sie die drei neuen Gegner erblickten, wichen aber doch um keinen Fußbreit zurück.

Als die drei Männer uns erreicht hatten, stellten sie sich vorsichtig hinter Gudmund auf.

„Gut daß ihr gekommen seid", rief Gudmund ihnen zu; „die Bären sind etwas feige und wagen nicht, uns anzugreifen, sie verlassen uns aber auch nicht."

Er wandte sich an den Mann mit der Schußwaffe:

„Was hast du in deiner Flinte?"

„Leider nur kleinen Schrot. Kugeln sind keine da."

„Dann um Gottes willen keinen Schuß abgeben!" sagte Gudmund, „wenigstens jetzt nicht. Schrot tut ihnen nicht weh. Es könnte sie nur noch wilder machen."

„Dann bringe ich die Flinte in den Hof zurück und hole mir einen spitzen Stab."

„Das wird das beste sein", sagte Gudmund.

„Soll ich die Jungen nicht mitnehmen?" fragte der Mann.

„Nein", versetzte Gudmund, „es ist noch zu früh. Die Bestien würden ihnen sofort nachlaufen."

Der Mann eilte nach dem Hof, immer vorsichtig zurückschauend. Die Eisbären schauten ihm nach und versuchten, an uns vorbeizulaufen, um ihm nachzusetzen.

Doch durch laute Rufe und drohende Bewegung lenkte Gudmund ihre Aufmerksamkeit von ihm ab. So verblieben sie in ihrer Kampfstellung uns gegenüber.

Nach einigen Minuten kam der Mann zurück, diesmal mit einem langen, spitzen Stab.

„Der wird uns bessere Dienste leisten", sagte Gudmund. Dann fuhr er fort:

„Jetzt greifen wir alle auf einmal an. Doch gehe keiner weiter vor als ich. Wenn sie dann zurückweichen, laufen wir alle eine kleine Strecke auf den Hof zu."

Mit gewaltigem Kampfgeschrei und drohenden Gebärden und

108

von unseren Bundesgenossen eifrig unterstützt, stürzte sich Gudmund auf die Bären.

Sie wichen wie immer scheu zurück. Und nun liefen wir alle eiligst auf den Hof zu. Doch wieder folgten uns die beiden hungrigen Tiere nach, und so mußten wir sehr bald haltmachen. Als wir dieses Manöver noch ein paarmal wiederholt hatten, waren wir endlich in der Nähe des Hauptgebäudes angelangt. Jetzt bat Gudmund einen unserer drei Helfer, sich vorsichtig nach der Eingangstür zu begeben und dort zu bleiben, um uns anderen beim Eintritt in das schützende Gebäude zu helfen. Dabei müsse er sorgen, daß die Tür sofort hinter uns verriegelt werden könne, sobald wir hineingeschlüpft wären.

Der Mann ging. Kurz darauf ertönte seine Stimme von der Eingangstür her:

„Alles in Ordnung!"

Gudmund sagte zu dem einen der beiden Männer die noch bei uns waren:

„Wir beide machen jetzt unseren letzten Angriff auf die Tiere. Unterdessen läufst du" – er wandte sich zu dem anderen – „mit den Jungen an die Tür, und ihr rettet euch in den Hof hinein. Darauf kommen wir beide nach."

Der Plan Gudmunds wurde ausgeführt.

Baldur nahm mich bei der Hand, und es gelang uns, mit unserem Gefährten in den Hof zu schlüpfen. Doch als Gudmund und der letzte Mann, der noch bei ihm war, nach der Eingangstür laufen wollten, waren die Bären ihnen wieder so auf den Fersen, daß sie den Eingang nicht mehr erreichen konnten. Die Tür mußte in aller Eile verriegelt werden, während sie noch draußen waren.

Kaum war ich mit Baldur in den kleinen Vorraum hineingestürzt, da fiel ich schon in die Arme der Hausmutter, die dort, totenblaß vor Angst, auf uns wartete. Sie schloß mich schweigend in die Arme und wollte mich nicht mehr loslassen.

Doch ich war um das Leben Gudmunds so besorgt, daß ich mich von ihr loßriß und in meiner Angst ausrief:

„Gudmund ist noch draußen. Wir müssen ihm helfen."

Die zwei Männer, die uns vorher geholfen hatten, standen hinter der verriegelten Tür und schauten durch eine Ritze hinaus.

Ich lief zu ihnen und bat sie, doch zu Gudmund hinauszugehen, um ihm draußen weiter zu helfen.

Sie wandten sich freundlich zu mir:

„Du brauchst keine Angst um Gudmund zu haben, Nonni, er wird bald zu uns hereinkommen. Der beste Dienst, den wir ihm leisten können, ist, daß wir ihm an der Tür helfen, damit er schnell hereinschlüpfen kann."

„Darf ich mal hinausschauen?" bat ich.

Der eine der Männer faßte mich mit beiden Händen unter den Armen und hob mich etwas in die Höhe.

„Schau nur einen Augenblick durch die Ritze hier oben, Kleiner."

Ich schaute durch die kleine Öffnung hinaus und sah Gudmund mit dem Mann vom Hofe nur wenige Schritte vor der Türe stehen. Einige Schritte weiter saßen die Bären auf dem Schnee und starrten die beiden Männer an.

„Wann wird er sie angreifen und hereinkommen?" flüsterte ich.

„Das wird er sicher nach einigen Minuten tun", antwortete leise der Mann. „Vorher wird er uns ein Zeichen geben, damit wir die Tür zur rechten Zeit öffnen. Nachher, wenn er hereingekommen ist, werden wir sie schnell wieder verriegeln ... Bist du jetzt beruhigt?" fragte mich der Mann. „Ja", erwiderte ich.

Jetzt stellte er mich wieder auf den Boden und sagte:

„Geh nun etwas zurück, Nonni, damit du nicht im Wege stehst, wenn wir Gudmund hereinlassen."

Ich entfernte mich von der Tür und ging zur Hausmutter zurück. Weiter hinten im Gang hatten sich einige Frauen und Kinder um Baldur zusammengedrängt und fragten ihn aus.

Doch es dauerte nicht lange, da hörten wir schon von draußen Gudmunds kräftige Stimme.

„Macht gleich auf", hörten wir ihn sagen.

„Sie fangen wieder an unruhig zu werden ... Ich gehe jetzt gleich gegen sie vor. Länger darf ich nicht warten ... So ...! Jetzt aufmachen ...!"

Nach diesen letzten Worten fingen Gudmund und sein Gefährte an, aus Leibeskräften zu schreien. Sie gingen also gegen die Bestien vor.

110

Alle mußten sich nun etwas von der Tür zurückziehen.

Nur die beiden Türhüter blieben dort und zogen schnell die eisernen Riegel zurück. Jetzt öffneten sie die Tür...!

Die Frauen schrien laut vor Angst.

Nun mußten Gudmund und sein Helfer zu uns hereinstürzen... Doch, o Schrecken! Sie kamen nicht...!

Da ich nicht weit hinter der Türöffnung stand, gelang es mir, einen Blick nach außen zu tun. Ich sah Gudmund und den anderen Mann oben auf dem Schnee, gerade vor der Tür, den Rücken zu uns gewandt und die Stäbe drohend nach den wilden Tieren gerichtet, und vor ihnen, diemal aber in unmittelbarer Nähe, die schrecklichen Bären...!

„Tür wieder zu!" rief Gudmund mit furchtbar erregter Stimme.

„Das Gewehr! Das Gewehr!" hörten wir ihn gleich darauf schreien.

Zu unserem Entsetzen fingen nun auch die Tiere heftig zu brüllen an. Und in diesem Gebrüll war eine Wildheit und eine Wut, die uns allen durch Mark und Bein ging.

Plötzlich mußten die Männer an der Tür draußen etwas Schreckliches gesehen haben; denn gleichzeitig stießen beide einen gellenden Schrei aus, schoben blitzschnell den eisernen Riegel zurück, rissen die Tür auf und stürzten hinaus.

Für einen Augenblick blitzte von draußen ein heller Lichtstrahl in meine Augen. Aber in diesem Strahl sah ich, wie die Männer und die Bären sich in einem furchtbaren Ringen in dem Schnee herumwälzten.

In dem schrecklichen Durcheinander erkannte ich Gudmund. Er kämpfte wie ein Held, schlug mit furchtbarer Gewalt um sich und hieb wütend auf die Raubtiere ein.

Eine entsetzliche Angst entstand unter den Frauen und Kindern im dunklen Hausgang. Die meisten flüchteten weiter nach innen auf die Wohnstube zu.

Doch mehrere ältere Männer und einige beherzte Frauen, die sich schon vorher mit Stangen und spitzen Stäben bewaffnet hatten, drangen mutig nach dem offenen Hausgang hin, um mitzuhelfen, die Bären zu erlegen oder doch wenigstens deren Eindringen in den Gang mit allen Kräften zu verhindern.

Das Durcheinander vor der Tür wurde immer fürchterlicher. Jetzt waren vier Männer draußen im verzweifelten Kampf mit den vor Wut heulenden Bestien!

Ich stand mit Baldur in dem Vorraum, meinen kleinen Stab in der Hand, das spitze Eisen nach außen gerichtet.

‚Könnte ich doch mithelfen, Gudmund zu retten!' Nur daran konnte ich jetzt denken.

Da knallte ein Schuß...!

Wegen der vielen Leute, die vor mir standen, konnte ich nicht mehr sehen, was draußen vor sich ging. Doch glaubte ich zu merken, daß der kämpfende Knäuel vor der Tür sich vom Eingang etwas entfernte. Ein Zeichen, daß die Tiere zurückwichen.

„Schnell, alle Mann hinein!" dröhnte Gudmunds Stimme.

Alle drängten sich plötzlich hinein, und ich wurde so heftig rückwärts geschoben, daß ich beinahe, umgefallen wäre.

„Schnell, schnell...! Keinen Augenblick verlieren...! Er kommt wieder...! Tür zu...! Riegel vor...!" wurde in dem Gedränge hastig hervorgestoßen.

Die Tür wurde zugeschlagen und verriegelt. Die Leute drängten sich durch den langen Gang zur Wohnstube. Die Hausmutter, die die ganze Zeit über in meiner Nähe geblieben war, faßte mich an der Hand und sagte: „Komm, Nonni, wir gehen mit den anderen."

„Aber wo ist Gudmund?" fragte ich.

„Er wird wohl schon in die Wohnstube gegangen sein", antwortete sie.

Als wir durch den Gang gingen, hörten wir von der großen Stube her schon Gudmunds tiefe Stimme. Sie war ebenso stark wie sonst.

‚Gott sei Dank!' dachte ich. Er scheint nicht verletzt zu sein.

Als ich näher kam, sah ich Gudmund auf einem hohen Stuhl sitzen. Die Leute standen um ihn herum. Er erzählte soeben unsere Erlebnisse mit den Bären am Flusse Hörgá.

„Wir sausten den Hügel hinunter", sagte er. „Da auf einmal sehe ich gerade vor mir im Flußbett, ganz nah am Ufer, die beiden Bären stehen... Um ein Haar wären wir den Bestien in den offenen Rachen hineingeflogen... Ich rief ‚Halt!' aus Leibeskräften. Baldur konnte aber nicht so schnell halten und glitt bis in das Flußbett hinein, ein wenig rechts von den Tieren... Mit Mühe gelang es mir, nach rechts zu biegen und zu ihm hinzukommen. Dann setzten die Raubtiere uns nach..."

Jetzt riß ich mich von der Hausmutter los, drängte mich durch die Leute hindurch und sprang zu Gudmund hin:

„Gott sei Dank, Gudmund, daß Sie gerettet sind!" rief ich. „Sind Sie gar nicht von den Bären gebissen worden?"

„Nein kleiner Nonni!" rief der starke Mann, hob mich auf und setzte mich auf sein Knie. „Sei unbesorgt! Ich bin nicht gebissen worden. Sie haben nur versucht, mich ein wenig zu kratzen. Das hat aber gar nichts zu sagen."

„Aber Sie sind doch gefallen, Gudmund?"

„Gewiß, Kleiner. Aber das kam nur daher, weil die Bären mir einige Stöße gaben. Sie sind tüchtig im Schlagen mit den Vordertatzen. Es hat mir aber nichts geschadet, Nonni."

„Wie bin ich darüber froh, Gudmund!" rief ich erleichtert.

Während ich so mit Gudmund sprach, kam der Hausvater, ein älterer, etwas kränklicher Mann, aufgeregt in die Stube.

„Die Bären rütteln an der Tür und versuchen einzubrechen!" rief er uns zu. Was würde geschehen, wenn die Bestien die Tür eindrückten und bis zu uns in die Wohnstube hereindringen würden!"

Bei diesen Worten schrien einige auf: „Gott im Himmel! Das ist aber entsetzlich! Man muß etwas tun, um die Tür zu befestigen!"

Die Stimmung wurde immer aufgeregter.

„Ich schlage vor", rief Gudmund, „daß man starke Bretter hinter der Tür an die Pfosten nagelt."

Sofort liefen mehrere Leute in die Werkstatt und rafften eiligst einige Bretter und Balken zusammen. Andere holten Hammer und Nägel. Einer zündete eine kleine Laterne an, und dann zogen sie mit Gudmund an der Spitze nach dem Ausgang. Baldur und ich folgten und schauten zu.

In kurzer Zeit war die Tür von innen fest verrammelt.

Gudmund meinte: „Von hier droht uns keine Gefahr, doch wir müssen so bald wie möglich die beiden Bären töten. Sonst könnten sie am Ende doch noch bei uns eindringen."

„Bravo, Gudmund", riefen einige Männer.

Der Hausvater trat zu Gudmund und reichte ihm die Hand.

„Ich danke Ihnen für Ihre Hilfe. Sie haben recht: die Bären werden den Hof nicht mehr verlassen. Wenn nicht hier, so werden sie doch bald den Eingang zu den Ställen finden. Haben Sie schon einen Plan, Gudmund?"

„Ja, ich habe schon an etwas Bestimmtes gedacht."

Es wurde still in der Stube. Alle drängten sich in größter Erwartung an Gudmund heran.

„Stimmt es, daß keine Kugeln da sind?"

„Leider ist es so. Wir haben nur die mit Schrot geladene Vogelflinte. Sie liegt aber draußen im Schnee."

„Gut sagte Gudmund, „dann müssen wir ohne sie fertig werden."

„Haben Sie vor, einen zweiten Nahkampf mit den Bären zu wagen?" fragte der Hausvater besorgt.

„Ja", erwiderte Gudmund ruhig, aber entschieden. „Nur so können wir jetzt am schnellsten mit den Bären fertig werden."

Einige Knechte erklärten sich bereit, mit Gudmund gegen die Bären zu kämpfen.

Während die Männer in der warmen Wohnstube über den bevorstehenden unheimlichen Kampf miteinander sprachen, war es draußen finster geworden. Nebel und Wolken waren verschwunden, und die Sterne traten nach und nach am blauen Polarhimmel hervor.

Auf einmal ging der Mond über dem nächsten Bergrand auf und übergoß die nächtliche Schneelandschaft mit seinem Glanz. Im Nu hatte er auf der riesigen Schneedecke Millionen von schimmernden Perlen und Edelsteinen hingestreut, so daß sie mit ihm um die Wette glühten und leuchteten.

Und mitten in dieser Herrlichkeit sollte ein Kampf auf Leben und Tod zwischen den Raubtieren und den Menschen stattfinden.

Gudmund warf einen Blick aus dem Fenster und sagte:

„Der Himmel ist klar. Etwas Besseres können wir uns nicht wünschen."

Dann stand er auf, schaute sich seine Mitkämpfer an und wählte von ihnen die vier stärksten aus.

Sie sollten mit ihm hinausgehen, während die übrigen den Eingang bewachten.

„Jetzt müssen wir für unsere Rüstung sorgen", sagte Gudmund.

„Habt ihr die Heutaue in der Nähe?"

„Gewiß", lautete die Antwort, „sie sind alle in einem kleinen Raum draußen im Gang."

„Bringt sie alle herein", bat Gudmund.

Die isländischen Heutaue sind sehr starke Taue, aus Roßhaar geflochten. Sie sind leicht und biegsam und werden gebraucht, um das trockene Heu in große Bündel zusammenzubinden. Die Heubündel werden auf Pferde geladen und so in die Heuscheunen gebracht.

Frauen, Männer und Kinder, die hinausgelaufen waren, um die zu holen, brachten eine Menge dieser Taue in die Wohnstube und warfen sie vor Gudmund auf den Boden.

„Sie sind gut", sagte er, nachdem er sie untersucht hatte. „Jetzt wickeln wir sie sorgfältig um unsere Arme und Beine und um den Leib", befahl er und begann sogleich, ein Tau um seinen linken Arm zu wickeln. Seine Kampfgefährten machten es ihm nach, wobei ihnen von den übrigen Hausbewohnern geholfen wurde.

„Keine Stelle darf frei bleiben", ermahnte Gudmund. Bald waren die Männer von oben bis unten mit den leichten, biegsamen Tauen umwunden. Die Enden der Taue wurden sorgfältig befestigt, damit sie sich während des Kampfes nicht lösten. Dann wurde der Kopf, so gut es ging, in Schafleder eingewickelt, doch so, daß Ohren und Augen frei blieben.

Als diese Arbeit fertig war, sahen die fünf Männer aus wie Ritter aus dem Mittelalter, die in eigenartigen Ringpanzern in den Kampf zogen.

„Jetzt sind wir soweit es möglich ist, gegen die scharfen Krallen der Tiere geschützt und hoffentlich auch gegen ihre Zähne", sagte Gudmund.

Jeder nahm nun ein scharfes Messer in die Hand.

Dann bat Gudmund sie, seinen Plan anzuhören.

„Der eine der beiden Bären", sagte er, „wurde ziemlich stark verwundet. Trotzdem kann er noch ein gefährlicher Gegner sein. Der andere ist noch bei voller Kraft. Gegen diesen werde ich den Kampf allein aufnehmen. Meine vier Helfer werden den anderen angreifen."

Die vier Männer wollten gegen diese Bestimmung protestieren. Doch Gudmund blieb fest.

„Es ist besser so", sagte er. „Ich habe die beiden Bären auf dem Weg vom Fluß bis zum Hof genau kennengelernt. Ihr seid in diesem Punkt im Nachteil und werdet genug Arbeit haben mit dem verwundeten Tier. Wenn ihr es getötet habt, könnt ihr mir immer noch zu Hilfe kommen. Aber nehmt euch in acht vor den Zähnen des Tieres und noch mehr vor den Schlägen seiner Vordertatzen. Die Eisbären stellen sich gern auf die Hinterbeine und können furchtbare Schläge erteilen. Durch einen einzigen Schlag mit der Vordertatze können sie leicht den Arm aus dem Gelenk schlagen. Und gelingt es ihnen, ihren Feind auf den Kopf zu treffen, dann ist ein solcher Hieb meist tödlich...!"

Während er so sprach, ertönte plötzlich auf dem Dach der Wohnstube ein starkes Gepolter.

Erschreckt fuhren wir zusammen.

Im nächsten Augenblick rasselten die Scheiben des Dachfensters und fielen klirrend auf den Boden herunter.

Gleich darauf hörte man ein Schnüffeln und Schnaufen an dem jetzt offenen Fenster, und gleich danach zeigte sich ein langbehaarter, zottiger Kopf in dem Fensterrahmen in unmittelbarer Nähe über uns...!

„Er fällt durch das Dach in die Wohnstube herein!" schrie eine Frau in höchster Aufregung.

Bei diesen Worten stoben die Frauen und Kinder auseinander und flohen aus der Wohnstube in den Hausgang hinaus.

Blitzschnell schob Gudmund einen Tisch unter das Fenster, stellte einen Stuhl darauf und sprang hinauf mit dem Messer in der Hand.

Doch unerschrocken und mit halbgeöffnetem Rachen starrte ihn der Bär an.

Rasch entschlossen stieß ihm Gudmund sein scharfes Messer mitten in den offenen Rachen.

Das Tier taumelte zurück und verschwand.

Mittlerweile erschienen mehrere Männer und sogar auch Frauen mit spitzen Stäben und Stangen in der Hand wieder in der Wohnstube.

„So ist es recht!" rief Gudmund ihnen zu. „Ihr werdet euch mit diesen Waffen leicht gegen das Untier verteidigen können."

Gudmund bat einen der „gepanzerten" Männer, in der Wohnstube zurückzubleiben, um unter dem Dachfenster Wache zu halten, während der selber mit den drei anderen sich ins Freie begab.

„Drei werden gegen das verwundete Raubtier genügen", meinte er.

Er bat sodann die Leute, guten Mutes zu sein. „Es ist nichts zu fürchten", versicherte er. „Bald wird alles vorüber sein." Dann ging er mit seinen drei Kameraden aus der Stube hinaus.

„Gott stehe euch bei!" riefen die Leute im Gang Gudmund und seinen drei Mitkämpfern zu.

Die Hausmutter, Baldur und ich gingen Gudmund nach, und so standen wir bald wieder draußen im kleinen Vorraum, während die vier Männer die verriegelte und verrammelte Tür aufzureißen suchten.

Als die Tür den Hammerschlägen der Leute nachgegeben hatte, sprangen Gudmund und seine Gefährten rasch ins Freie hinaus. Der Ausgang wurde eiligst wieder geschlossen und fest verrammelt. Ein paar Männer mit Stäben und Stangen hielten dort Wache.

Nun konnten wir nichts mehr sehen. Wir standen daher ganz still und horchten gespannt nach jedem Laut, der von draußen zu uns hereindringen würde.

Lange brauchten wir nicht zu warten. Denn bald ertönte lautes Rufen und Schreien der kämpfenden Männer.

Offenbar kämpfte die Gruppe der drei Männer vor dem Hause mit dem einen der beiden Bären, denn Gudmunds starke Stimme erscholl von den hinteren Gebäuden.

Angespannt warteten wir im Vorraum.

Das Heulen und Schreien schien nach einiger Zeit schwächer zu werden, und auf einmal war es ganz still.

Bald darauf wurde von draußen an die Tür gepocht.

„Macht auf, der Bär ist tot!"

Die Tür flog auf, und die drei Männer traten ein.

„Seid ihr verwundet?" fragte die Hausmutter.

„Nur wenig – aber wo ist Gudmund?"

„Er hat hinter dem Haus gekämpft."

„Dann wollen wir ihn aufsuchen, vielleicht können wir ihm noch helfen", sagten die Männer und verschwanden.

„Nun wird alles gut werden", atmete ich auf, als wir durch den langen Gang zur Wohnstube gingen.

„Ja, jetzt wird der andere Eisbär bald erledigt sein", antwortete mir Baldur.

„Der Bär vor dem Hause ist erledigt", erzählten wir in der Stube den Leuten, „und jetzt sind drei Männer bei Gudmund, um ihm zu helfen."

War das eine Freude! Alle Gefahr würde bald vorbei sein.

Einer kletterte auf das Dach hinauf, um Ausschau zu halten.

„Kannst du etwas sehen?" rief man zu ihm hinauf.

„Ich sehe nur die drei, die nach dem Fluß hinunterlaufen. Sie werden bald dort sein."

Wir warteten nun geduldig eine Zeitlang und hofften, daß Gudmund und seine Freunde bald als Sieger zurückkehren würden.

Es dauerte aber länger, als wir gedacht hatten. Wir froren, denn durch das zerbrochene Fenster strömte die eiskalte Luft in die Wohnstube hinein.

So verstrich eine geraume Zeit.

Da rief auf einmal der Mann, der auf dem Dach Ausschau hielt, zu uns herunter:

„Vom Fluß her ist Geschrei zu hören!"

Alle fuhren auf und drängten sich unter dem Fenster zusammen. Bald drangen die grauenhaften Laute zu uns herein.

„Es ist erstaunlich", bemerkte einer, „wie lange dieser Bär sich verteidigen kann; es muß ein furchtbar wildes Tier sein."

Doch bald wurde es drüben ruhiger, und endlich hörte das Heulen des Eisbären gänzlich auf. Auch die kämpfenden Männer schrien nicht mehr.

„Jetzt wird er wohl erlegt sein", sagte der Hausvater. „Danken wir Gott dafür!"

Nach einiger Zeit rief der Mann auf dem Dach in die Stube:

„Sie kommen vom Fluß zurück! Sie halten sich dicht beieinander und bewegen sich nur langsam voran."

Kurz danach rief er wieder:

„Es kommt mir vor, als wenn sie etwas mit sich schleppten."

„Das wird wohl der tote Bär sein. Den bringen sie mit nach Hause", rief ich voll Freude aus.

Baldur, der neben mir stand, flüsterte mir ins Ohr:

„Das kann man doch nicht wissen, Nonni. Es könnte auch einer der Männer sein."

„Einer der Männer? Warum sollten sie denn einen der Männer..." „Weil der Bär ihn vielleicht verwundet oder getötet hat", erwiderte Baldur ganz leise.

Bei diesen Worten ging es mir wie ein Stich durch das Herz.

„Das wird doch nicht Gudmund sein, Baldur?" fragte ich ganz entsetzt.

„Wir wollen hoffen, daß er es nicht ist, Nonni", war seine Antwort.

Ich war so niedergedrückt, daß ich nichts mehr sagen konnte. Auch die anderen schwiegen und schienen in bange Gedanken versunken zu sein. Nach einer Weile rief der Mann vom Dach wieder:

„Jetzt sehe ich, was sie mitbringen."

In der Stube herrschte tiefes Schweigen. Keiner wollte eine Frage tun. Alle warteten in atemloser Spannung.

Da kam der Mann durch das Fenster wieder in die Stube hinein. Er ließ sich vorsichtig auf den Tisch niedergleiten und sprang von dort auf den Boden.

„Was ist's?" rief man ihm von allen Seiten mit gedämpfter Stimme zu.

„Sie kommen alle zurück. Aber nur drei sind auf den Beinen. Der vierte wird von ihnen getragen."

„Hast du nicht gesehen, wer der Verwundete ist?" fragte der Hausvater.

„Nicht genau. Aber soweit ich unterscheiden konnte, war es Gudmund."

Unwillkürlich ergriff ich Baldur am Arm und hielt mich an ihm fest. Ich wollte ihm etwas sagen, aber die Kehle war mir wie zugeschnürt, so daß ich keine Silbe herausbrachte.

Wie im Traum hörte ich den Hausvater sagen:

„Für uns wird wohl keine Gefahr mehr sein. Wir können den Leuten entgegengehen, um ihnen zu helfen."

Die Augen voll Tränen, schaute ich auf und sah, daß einige Männer eine große getrocknete Ochsenhaut hergeholt hatten. Sie banden Taue an den vier Ecken fest, rollten dann das Ganze zusammen und gingen damit hinaus.

Die Stube war fast leer geworden. Nur einige Frauen und kleine Kinder waren noch da.

„Wollen wir nicht auch hinausgehen, Nonni?" sagte Baldur. „Gudmund wird sich sicher freuen, wenn er dich sieht."

„Glaubst du, daß er noch lebt, Baldur?" fragte ich.

Ich hoffe es, Nonni", tröstete er mich. „Er wird von dem Bären etwas geschlagen und gekratzt worden sein."

Ich sprang auf und wollte so, wie ich war, in die grimmige Nachtkälte hinauslaufen. Baldur aber hielt mich zurück, holte unsere Schneehauben und half mir, sie über den Kopf zu ziehen.

„Jetzt zieh auch deine wollenen Handschuhe an, Nonni", mahnte er.

Ich holte sie aus der Tasche, zog sie an, und dann gingen wir rasch hinaus.

Draußen war ein Nordlicht entbrannt, das goldglühende Funken nach allen Richtungen hin sprühte.

Der ganze Nachthimmel stand wie in Feuer und Flammen und sah aus wie ein unermeßliches, hin und her wogendes, hell-euchtendes Lichtmeer.

In Strömen regnete es glühendglitzernde Feuerfunken aus der Luft herunter auf die in goldenem Glanze strahlende Schnee-landschaft. Unaufhörlich warf das Nordlicht seine blitzschnellen Feuergarben über den Himmel von einem Horizont zum anderen.

Wir liefen rasch über die harte Schneedecke dahin und erreichten die Leute gerade in dem Augenblick, als die beiden Gruppen aufeinanderstießen.

Es war wirklich Gudmund, der von den drei Männern getragen wurde.

Nun wurde er vorsichtig auf den Schnee gelegt. Mit Baldur

drängte ich mich durch die Leute, um Gudmund näher sehen
zu können.

Blutüberströmt lag der große Mann da. Er rührte sich nicht
und sah aus wie ein Toter. Wieder schnürte sich meine Kehle
zusammen. Ich konnte weder sprechen noch weinen.

Während die Ochsenhaut neben Gudmund auf den Schnee
ausgebreitet wurde, ließ sich nun auch der Hausvater neben
ihm auf die Knie nieder, um zu untersuchen, ob er noch am Leben war.

„Er atmet noch", sagte er, als er aufstand.

Rasch zog mich Baldur aus dem Gedränge und flüsterte mir zu:
„Hast du gehört, Nonni? Er lebt ja. Du wirst sehen, er wird
bald wieder gesund sein."

Die Worte meines Freundes gaben mir neuen Mut. Ich griff
nach seiner Hand und blieb bei ihm stehen.

Gudmund wurde mit der größten Vorsicht auf die Ochsenhaut
gelegt. Vier der stärksten Männer ergriffen die Taue und legten
sie über ihre Schulter, beugten sich, zogen fest an und hoben
Gudmund vom Boden auf.

Als wir endlich im Hof anlangten, wurde Gudmund vorsichtig
durch die enge Tür und den schmalen Gang bis in ein kleines
Zimmer hineingetragen.

Baldur und ich durften nicht mit hineingehen, denn jetzt sollten
Gudmunds Wunden untersucht, gewaschen und verbunden
werden. Wir begaben uns deshalb mit den meisten anderen in
die Wohnstube.

Als alles drinnen zur Ruhe gekommen war, wurden die Gefährten Gudmuns gebeten, zu berichten, wie es bei dem Kampf
zugegangen war.

„Als Gudmund", so erzählte der eine von ihnen, „eine kurze
Zeit mit dem Bären, der auf dem Dach gewesen war, gekämpft
hatte, ergriff dieser die Flucht und lief nach dem Fluß hinunter.

Gudmund verfolgte ihn und setzte unten am Fluß den Kampf
fort, zu dem wir ihm bald zu Hilfe kommen konnten.

Von weitem sahen wir schon, daß Gudmund unerschrocken
mit seinem Messer auf das Raubtier losging. Doch plötzlich
richtete sich der Bär auf und versetzte mit seiner Vordertatze

einen Schlag auf Gudmunds Kopf. Gudmund sank wie tot zu Boden. Glücklicherweise waren wir schon dicht an die Kämpfenden herangekommen, so daß wir den Bären erlegten, bevor er auf Gudmund losgehen konnte."

„Und was ist mit Gudmund?" fragte ich erregt.

„Er wird sicher bald gesund", tröstete mich der Mann. „Denn hätte ihm dieser Schlag das Genick gebrochen, wäre er nicht mehr am Leben. Da er aber noch atmet, wird er bestimmt zu retten sein."

Jetzt hatte ich alles gehört, was geschehen war. Ich schlug daher meinem Freund Baldur vor, mit in das kleine Zimmer zu gehen, wo Gudmund lag.

„Gut, Nonni", sagte Baldur, „wir wollen versuchen, zu ihm hineinzukommen. Man hat gewiß schon seine Wunden verbunden."

Wir gingen also in das kleine Zimmer.

Langsam und geräuschlos öffneten wir die Tür und traten ein. Drückende Stille in dem kleinen Raum. Gudmund lag mit geschlossenen Augen da und schien zu schlafen. Wir fragten die Frau, die an seinem Bett saß, wie es ihm gehe.

Leise antwortete sie:

„Er hat mehrere Bißwunden an den Armen und Beinen, doch die Knochen sind unverletzt. Seine schlimmste Verletzung ist am Kopf und am Hals. Doch ich hoffe, daß er bald zu sich kommen wird."

Ich trat näher heran und schaute mir Gudmunds Kopf und Hals an. Es waren dort keine Wunden zu erkennen, nur der Hals war stark angeschwollen.

Nach einer Weile stand die Frau auf und holte aus einer Schublade drei neue Weihnachtskerzen heraus, zündete sie an und sagte feierlich:, „Jetzt aber, kleine Freunde, vergeßt nicht, daß heute Weihnachten ist. Es ist zwar eine traurige Weihnacht für uns gewesen, aber eine kleine Andacht wird wohl gleich in der Wohnstube gehalten werden. Nun nehmt die Kerzen und geht zu den anderen."

Wir verließen das Zimmer und kehrten in die Wohnstube zurück. Als wir eintraten, prangte sie schon im schönsten Licht. Soeben waren alle Weihnachtskerzen angezündet worden;

denn in Island ist es zu Weihnachten auf den Bauernhöfen Brauch, ebenso viele Kerzen die Nacht hindurch brennen zu lassen, wie es Menschen auf dem betreffenden Hof gibt.
Das zerbrochene Fenster war inzwischen mit Brettern zugedeckt worden. Bald hatten alle Leute sich eingefunden.
Der Hausvater setzte sich an seinen Platz unter der Lampe. Die Gesangsbücher wurden verteilt, und die Weihnachtsandacht begann.
Einige Strophen eines Weihnachtsliedes wurden gesungen. Dann las der Hausvater eine Weihnachtsbetrachtung aus dem Hausbuch des isländischen Bischofs Vidalin.
Daran fügte der Hausherr einige Worte über die Ereignisse dieser Nacht.
Sie seien, sagte er, eine große Prüfung, die der Herr über uns habe kommen lassen; aber Gott habe uns vor dem Schlimmsten bewahrt: es sei bis jetzt kein Menschenleben verlorengegangen. Er hoffe, daß das göttliche Kind, dessen Geburt wir feierten, seine schützende Hand über uns und den schwerverwundeten Mann halten werde.
Nach der Andacht wurde von der Hausmutter und den Mädchen ein gutes Weihnachtsmahl serviert.
Die Weihnachtslichter brannten in allen Stuben des Hofes zu Ehren des Christkindes die ganze Heilige Nacht hindurch.
Ich schlief wie ein Murmeltier bis weit in den Vormittag des anderen Tages.
Als ich endlich aufgewacht und aufgestanden war, ging ich mit Baldur in das kleine Zimmer, in dem Gudmund untergebracht war. Wie groß war unsere Freude, als wir ihn bei voller Besinnung fanden!
Gudmund erkannte uns gleich und freute sich über unseren Besuch. Doch er war noch so schwach, daß er sich kaum bewegen konnte. Die Pflegerin war mit seinem Zustand zufrieden und sagte, daß er viel Ruhe haben müsse, und deshalb sollten wir nicht zu lange bei ihm bleiben.
Wir folgten ihrem Rat und gingen bald wieder hinaus.
Im Hof lagen schon die beiden Tiere, die die Knechte auf einem großen Schlitten hereingebracht hatten.
Die Eisbärfelle waren prachtvoll.

„Schade", bemerkte ich zu Baldur, „daß sie so viele Löcher haben".

„Das hat nicht viel zu sagen, Nonni", sagte einer der Männer; „diese Löcher werden bald von tüchtigen Näherinnen so schön zusammengenäht, daß man nichts mehr davon merken wird."
Da trat der Hausherr auf mich zu.

„Nonni, gleich werden zwei Männer nach Mödurvellir gehen, die deine Mutter von Gudmunds Unfall benachrichtigen. Willst du ihr kurz schreiben, was du alles erlebt hast?" „Ja, das will ich gleich tun", sagte ich und bat Baldur, mir beim Schreiben zu helfen.

Baldur verschaffte mir Schreibzeug und führte mich in ein leeres Zimmer, damit wir nicht gestört würden.

Der Brief, der mit Baldurs Hilfe zustande kam, lautete so:

„Skipalón, am 25. Dezember

Meine liebe Mutter!

Ich schicke Dir einen Brief und wünsche Dir ein schönes Weihnachtsfest und auch allen anderen. Und auch Baldur wünscht ein schönes Weihnachtsfest.

Und ich schreibe auch diesen Brief, um Dir zu sagen, wie es mir geht, und auch, wie es Baldur und Gudmund geht und wie es ging auf der Reise.

Meine liebe Mutter, die Reise war sehr gefährlich. Gudmund und Baldur liefen auf den Skiern. Und ich war sehr müde, weil ich keine Skier hatte und weil meine Beine zu kurz waren. Dann nahm Gudmund mich und setzte mich auf seine Schulter neben seinem Kopf. Und dann nahm er meine Füße und steckte sie in seine Tasche. Und als wir an den Fluß kamen, da kamen zwei Bären und wollten uns beißen. Aber Gudmund hat sie mit dem Stab gestochen, und dann haben sie uns nicht gebissen. Und dann schrien sie viel, und auch Gudmund und wir schrien sehr viel.

Und als wir nach Skipalón kamen, haben die Leute uns geholfen. Als wir in der Stube waren, schaute ein Bär durch das Fenster, um die Leute zu beißen. Aber Gudmund hat ihn mit dem Messer gestochen. Und dann konnte er nicht mehr die Leute beißen. Dann haben Gudmund und die Leute die Bären getö-

124

tet. Und Gudmund ist von einem Bären geschlagen worden und liegt nun im Bett. Bald kommt Gudmund nach Mödruvellir. Und wenn ich einige Tage mit Baldur gespielt habe, dann komme ich zurück zu Dir, liebe Mutter.

Von Deinem lieben Sohn
Nonni und Baldur."

Als der Brief fertig war, übergab ich ihn dem Hausvater. Wegen der Eisbärengefahr mußten zwei bewaffnete Männer ihn nach Mödruvellir bringen.

Als sie zurückkamen, brachten sie Pulver und Blei mit.

Auch übergaben sie mir einen kleinen Zettel von meiner Mutter. Sie schrieb:

„Mein lieber Nonni!
Mit großer Freude habe ich Deinen schönen Brief gelesen. Vergiß nicht, Gott zu danken für Deine Rettung. Bringe Gudmund einen freundlichen Gruß von uns und unseren herzlichsten Dank für seine treue Sorge um Dich. Grüße auch alle unsere Freunde in Skipalón. Komme vor Neujahr zurück, und wenn Baldur mit Dir kommen darf, so ist er bei uns als unser Gast auf einige Tage willkommen.

Deine Mutter."

Zusammen mit Baldur hatte ich noch einige schöne Tage auf Skipalón. Oft besuchten wir den tapferen Gudmund. Er war immer guten Mutes und hoffte auf seine baldige Genesung.

Zwei Tage vor Neujahr verließ ich das gastfreie Skipalón und kehrte mit meinem Freund Baldur unter Begleitung von zwei bewaffneten Männern glücklich nach Mödruvellir zurück.

Gudmund konnte wenige Wochen später gesund zu uns zurückkommen.

Der gefährliche Nachmittagsritt

Es war am schönen Städtchen Akureyri auf Island am Vorabend des ersten Sommertages. Mein Bruder Manni und ich hatten uns vorgenommen, einen längeren Nachmittagsausflug in die Berge zu unternehmen, wo jetzt Tausende von Bergblumen blühten und dufteten.

In Island werden Kinder im allgemeinen weniger eingeschränkt als anderswo. Und was uns anging, so ließen uns unsere Eltern für solche Vergnügungen volle Freiheit.

Früh am Nachmittag verließen wir das Haus und stiegen auf die grünen Halden und Höhen westlich von Akureyri hinauf.

Wir wanderten munter bergan und atmeten in tiefen Zügen die reine, hier so merkwürdig warme und sonnige Bergluft ein. Bald hatten wir die ersten Höhenzüge erklommen und befanden uns hoch oben über allen Häusern der Stadt.

„Ist das eine Luft, Nonni!" rief Manni aus, indem er plötzlich stehenblieb und die aromatische Frühlingsluft einatmete.

„Du hast recht, Manni!" erwiderte ich ihm. „Das ist ganz was anderes als drunten in der Stadt."

„Das kommt aber sicher daher, daß hier oben viel mehr Blumen sind als unten am Strand. Und sie duften ja heute so herrlich."

Ich fügte hinzu: „Und dann kommt noch die frische, salzige

Meeresluft hinzu. Wenn die Seeluft sich mit der Bergluft mischt, dann hat man die gesündeste Luft, die man sich denken kann. So hat es mir die Mutter erklärt."

Manni wandte sich um und warf einen Blick hinunter auf den großen Golf Eyjafjördur.

„Wie schön ist doch das Meer heute!" sagte er. „Es ist fast noch blauer als der Himmel."

„Ja, Manni. Und dabei ist die Meeresoberfläche so glatt wie ein Spiegel."

„Und wie hübsch sehen die Schiffe aus, die unten auf der Reede liegen! Siehst du, wie die englische Luxusjacht dort glänzt?"

„Ja, das ist ein prachtvolles Schiff. Aber die dänischen Schiffe, besonders die ‚Rachel' und die ‚Hertha', gefallen mir auch."

So erzählten wir noch eine Weile und freuten uns an dem Blick, den wir von hier aus auf die Stadt und die große Reede hatten.

Schließlich sagte Manni: „Eigentlich hätten wir heute eine Rudertour zu den Schiffen auf der Reede machen sollen, statt in die Berge hinaufzugehen."

„Das können wir später tun, Manni. Das Wetter wird sich schon halten. Jetzt aber, da wir nun einmal hier oben sind, wollen wir sehen, daß wir etwas höher hinaufkommen."

„Gut, Nonni", erwiderte der Kleine, worauf wir unseren Weg bergan fortsetzten.

Der Weg wurde steiler und steiler, wir fingen an, kurzatmig zu werden.

Bald blieb Manni stehen und sagte:

„Ich glaube, wir sollten uns ein Reitpferd aussuchen.

Dort auf der Wiese grasen ja mehrere schöne Pferde."

Ich ging gleich auf seinen Vorschlag ein, und so begaben wir uns auf die blühende Wiese, um uns ein Reitpferd zu verschaffen.

Es standen etwa ein Dutzend junge, kräftige Pferde dort, darunter ein paar Goldfüchse und Stahlgraue.

Die Stahlgrauen wurden damals auf Nordisland als die besten Pferde angesehen, die Goldfüchse aber als die feurigsten und schönsten.

Wir schauten uns die prächtigen Tiere einige Augenblicke an und erkannten sie bald.

„Das sind ja Pferde des Herrn Amtmann Havstein, Manni."

„Wirklich, das ist aber ein Glück für uns, Nonni, denn der Amtmann hat uns erlaubt, auf seinen Pferden zu reiten, soviel wir wollen."

„Wollen wir nicht dieses da nehmen?" rief Manni bald aus, indem er nach dem kleinsten der prächtigen Goldfüchse zeigte.

„Gut, Manni, nehmen wir dieses. Es scheint sehr kräftig zu sein."

Das bezeichnete Pferd stand etwas abseits von den anderen und graste dort in aller Ruhe für sich allein. Manni hatte recht: es war ungewöhnlich klein und niedlich, sah aber doch sehr stark aus.

„Jetzt aber vorsichtig, Manni, sonst läuft es uns davon."

Bedächtig und langsam bewegten wir uns in einem Bogen um die Pferde herum und gelangten bald an die Stelle, wo der Goldfuchs graste.

„Jetzt bleib hier", flüsterte ich Manni zu. „Ich gehe auf die andere Seite des Goldfuchses. Dann fangen wir beide zu pfeifen an und bewegen uns gleichzeitig zu ihm hin."

Manni, der diese Kunst, die isländischen Pferde einzufangen, genau kannte, nickte mir zu.

Ich ging in einem weiten Bogen um das Pferd herum.

Jetzt breiteten wir die Arme aus und näherten uns langsam dem Goldfuchs.

Gleichzeitig fingen wir zu pfeifen an, anfangs ganz leise, dann stärker, immerfort in demselben Ton.

Das Pferd hörte plötzlich mit dem Grasen auf, hob den Kopf, blickte bald nach Manni, bald nach mir hin und wurde unruhig. Es schien fortlaufen zu wollen, denn es machte ein paar Schritte vorwärts.

Sofort pfiffen Manni und ich noch kräftiger als vorher. Das wirkte.

Der Goldfuchs blieb wieder stehen und spitze die Ohren. Sein Körper schien plötzlich starr und steif zu werden. Er war wie verzaubert.

Wir verloren ihn nicht einen Augenblick aus den Augen und fuhren fort, immer auf dieselbe Weise zu pfeifen, indem wir uns ihm mit der größten Vorsicht näherten.

128

Als wir ihn endlich erreichten, legte ich ihm sanft die Hand auf die Mähne.

Jetzt war er gefangen.

Ich zog eine kleine, drei bis vier Fuß lange Schnur aus der Tasche, und während ich beruhigende Worte zu dem Tiere sprach, schob ich ihm die Schnur zwischen die großen weißen Zähne tief in Maul hinein.

Es ließ mich ruhig gewähren, hielt geduldig das Maul offen, und so konnte ich ihm ohne Schwierigkeit das Ende meiner Schnur um den Unterkiefer binden. Ich nahm mich dabei sehr in acht, ihm nicht weh zu tun.

Damit war unser „Zaum" und „Reitzügel" in Ordnung.

So machten wir es öfters auf unseren kleinen Streifzügen. Die isländischen Pferde sind daran gewöhnt und lassen sich leicht auf diese Weise lenken.

„Welch ein schönes Reitpferd!" rief Manni aus, „und wie es laufen kann."

„Jaja, da haben wir Glück gehabt", erwiderte ich. „Es wird schnell wie der Wind rennen."

„Es sieht ganz danach aus, Nonni. Aber jetzt setze dich zuerst hinauf", bat der Kleine. „Dann reitest du zu dem großen Stein dort, und ich klettere von da aus zu dir hinauf."

Ich schwang mich auf unseren Goldfuchs, der sofort zu laufen begann. – Doch sobald ich die „Zügel" ein wenig stramm zog, blieb er augenblicklich stehen.

Nun lenkte ich ihn, wie Manni es gewünscht hatte, zu einem zwei bis drei Fuß hohen Stein, der in kurzem Abstand von uns aus dem Heidekraut hervorragte.

In einigen raschen Sätzen war auch schon Manni da.

„Du mußt hinter mir sitzen", rief ich ihm zu.

Er sprang auf den Stein hinauf, und als ich den Goldfuchs danebengestellt hatte, war der Kleine im Nu vom Stein auf das Pferd gesprungen.

Er schlang beide Arme um mich, um fest im „Sattel" zu sitzen.

Und dann konnte der Ritt beginnen.

„Wohin wollen wir reiten?" fragte ich Manni.

„Ich schlage vor, daß wir südwärts ins Eyjafjardarátalreiten. Dort sind wir bis jetzt noch nicht weiter vorgedrungen."

„Was ist da zu sehen, Nonni?"

„In diesem Tal soll es viele Höhlen, hohe Felswände, von denen Bergbäche herabstürzen, und tiefe Schluchten geben. Und der Fluß Eyjafjardará, der bei Akureyri in den Golf Eyjafjördur mündet, soll dort Inseln bilden, auf denen seltene Vögel leben."

„Nonni, da müssen wir hin!" begeisterte sich Manni. „Heute haben wir schönes Wetter. Der ganze Himmel ist blau. Nirgendwo ist eine Wolke zu sehen. Und die Luft ist so warm. Und nicht die Spur von Wind. Eine bessere Gelegenheit bekommen wir nicht mehr. Reiten wir nur rasch voran."

„Gut, Manni! Also halte dich fest."

Der Kleine packte mich noch fester mit beiden Armen.

Dann wendete ich das Pferd nach Süden.

Sofort legte der Goldfuchs los, daß uns beiden anfangs fast Hören und Sehen verging.

Er stürmte über Stock und Stein und rannte und sprang so gewaltig, daß wir vor Erstaunen sprachlos waren.

Manni hielt sich an mir fest, und aus Vorsicht faßte ich mit der Hand in die dichte Mähne des feurigen Renners. So waren wir beide in Sicherheit auf seinem starken Rücken.

Als wir uns von unserem Schrecken erholt hatten, sagte ich zu Manni:

„So etwas ist mir noch nie passiert."

„Mir auch nicht", versetzte Manni. „Wenn er nur nicht in einen Abgrund hinunterspringt …"

„Nein, das wird er sicher nicht tun. Dazu ist er zu klug." So ging es noch eine gute Weile vorwärts, und während des stürmischen Dahinjagens schien die Landschaft zu beiden Seiten in raschem Fluge an uns vorbeizugleiten: Wiesen und Seen, Hänge und Halden, Felsen und Abgründe, Hügel und Höhen, und zu unserer linken Hand der vierarmige Fluß Eyjafjardará.

Oftmals flogen aufgeschreckte Vögel aus dem Heidekraut oder dem hohen Gras empor und umflatterten uns eine Zeitlang, schreiend und kreischend, um sich dann durch eine rasche Flucht über die nächsten Hügel hinweg vor den Ruhestörern in Sicherheit zu bringen.

Auch Schafe und Lämmer sprangen zuweilen stürmisch einige Schritte vor uns auf und flüchteten nach allen Seiten auseinander.

Einmal sogar sprang der Goldfuchs plötzlich in die Höhe. Fast wären wir dabei abgeworfen worden. Mit Not konnten wir uns festhalten, drehten aber dann beide unwillkürlich den Kopf.

„Schau, Nonni", rief Manni, „sieh doch, wie er läuft!"

Ein großer Widder mit mächtigen Hörnern mußte schlafend auf unserem Weg gelegen haben, als unser Goldfuchs in einem kühnen Sprung über ihn hinwegsetzte. Jetzt lief er im Schrekken wild davon.

Auf einmal führte unser Weg direkt auf einen breiten Fluß zu. Es war einer der Arme des Flusses Eyjafjardará, und hier war einer der Flußübergänge.

„Aber Nonni", schrie Manni erschrocken, „siehst du nicht den Fluß? Der Goldfuchs rennt ja gerade darauf zu!"

„Hab keine Angst, Manni. Er weiß viel besser als wir, was zu tun ist. Halte dich nur gut fest!"

Manni klammerte sich noch fester an mich als zuvor.

„Aber Nonni!" fuhr er nach einem Augenblick fort, „kannst du ihn nicht zum Stehen bringen?"

„Gewiß kann ich das. Aber es ist nicht notwendig, Manni. Er wird schon bald von selber langsamer laufen. Warte nur!"

Ich merkte aber, daß Manni zitterte, und jetz fiel mir ein, daß er mitunter wasserscheu war.

„Sei nur ruhig, Manni", sagte ich daher, „es wird schon alles gut gehen."

„Ja, wenn es nur gut geht", flüsterte er ganz leise. „Das Wasser scheint mir aber so tief zu sein."

Ich hatte nicht mehr Zeit, ihm eine Antwort zu geben; denn jetzt erreichten wir das Ufer des breiten Stromes, und plötzlich wurde der Goldfuchs langsamer.

So unerwartet kam der Übergang, daß, wenn ich mich nicht mit der Hand an seiner Mähne festgehalten hätte, ich beinahe mit Manni vornübergestürzt wäre.

Unterdessen schritt unser Pferd ruhig und bestimmt zum Wasser hin. Einen Augenblick später trat es in den Fluß.

Doch da schrie mein kleiner Bruder laut auf:

„Halt, Nonni, halt! Mir wird schwindlig."
Augenblicklich brachte ich das Pferd zum Stehen und lenkte
es nach rechts. Es gehorchte sofort, wandte sich um, trat aus
dem Wasser heraus und erklomm wieder das grüne Flußufer.
„Steigen wir ab", bat der Kleine.
Ich ergriff seine rechte Hand und half ihm langsam hinuntergleiten. Dann sprang ich ab, ohne die Zügel aus der Hand zu
lassen.
Manni schaute angstvoll nach dem tiefen, breiten Fluß, der
seine dunkelgrünen Fluten nach dem Norden dahinwälzte.
Gleichzeitig zupfte er sich mit der linken Hand am Ohrläppchen, was er immer tat, wenn er in Verlegenheit war.
„Wenn ich ihn doch beruhigen könnte!" dachte ich, während
ich dem Pferd wegen der dünnen Schnur, die ihm um seinen
Unterkiefer gebunden war und die es leicht verwunden konnte,
das Maul untersuchte.
Ich überlegte einen Augenblick. Dann legte ich meine Hand
auf Mannis Schulter und sagte:
„Du bist doch sonst immer so mutig und wirst doch jetzt keine
Angst vor dem bißchen Wasser dort haben. Es ist ja hier der
gewöhnliche Flußübergang. Jedes Pferd watet oder schwimmt
mit Leichtigkeit hinüber."
Manni gab sich einen Ruck:
„Du hast recht, Nonni. Eigentlich habe ich auch keine Angst.
Mir wurde nur schwindlig, als wir ins Wasser hineinritten. Jetzt
ist es aber schon vorbei."
Ich griff nach seiner Hand und sagte:
„Ich wußte ja, daß du tapfer bist. Komm, wir steigen wieder
auf. Jetzt wirst du vor mir sitzen, damit ich dich festhalten kann.
Wird dir wieder schwindlig, so schließe nur gleich die Augen.
Schwindel kommt nur, wenn man das fließende Wasser um sich
herum anschaut."
„Gut, Nonni, steigen wir wieder auf!" sagte Manni fest und
entschlossen.
Ich drückte ihm die Hand und fühlte mich ganz stolz auf mei-
nen tapferen kleinen Bruder.
Manni, der seinen Blick von dem reißenden Strom nicht ab-
wenden konnte, sagte nach einer Weile:

„Wie breit ist doch der Fluß, Nonni!"

„Es gibt noch viel breitere Flüsse als diesen", antwortete ich ihm.

„Wie tief mag er wohl in der Mitte sein?"

„Das ist schwer zu sagen, Manni. Ich glaube aber, daß das Pferd auch in der Mitte wird waten können."

„Wenn es aber so tief wird, Nonni, daß es nicht mehr waten kann, was dann?"

„Dann wird es mit Leichtigkeit bis zum anderen Ufer schwimmen."

„Meinst du, Nonni?"

„Aber sicher."

„Auch mit uns beiden auf dem Rücken?"

„Ganz sicher, Manni."

„Aber dann werden wir ja naß werden."

„Wir bekommen nur nasse Füße. Das wird uns aber nichts schaden."

Ich merkte, daß Manni ein wahres Grausen vor dem Flusse hatte. Ich mußte unbedingt versuchen, ihn abzulenken.

„Schau mal, Manni", sagte ich daher aufmunternd, „dort oben auf den Hügeln raucht und dampft es. Weißt du, was das ist?"

Manni blickte empor.

„Ja, Nonni, da sind eine Menge Dampfwolken. Dort oben wird sicher eine heiße Quelle sein, die aus dem Boden sprudelt."

„Du hast recht, Manni. Ich habe gehört, daß sogar der Boden dort immer lauwarm ist, so daß im Winter weder Eis noch Schnee darauf liegen bleiben."

„Dann ist ja Erdfeuer dort unter dem Boden."

„Gewiß. Aber wir brauchen nichts zu fürchten. Hier ist noch nie ein Ausbruch gewesen. Jetzt müssen wir uns aber hier näher umsehen."

Wir befanden uns tief unten im Tal, in dem der Hauptstrom der Eyjafjardará entlangfloß. Mitten im Strom waren die fruchtbaren Flußinseln, auf denen wir Vögel aller Art sehen konnten. Zahlreiche Wildenten, aber auch schneeweiße Wildgänse schwammen an den Inseln entlang. Möwen und Seepapageien flogen kreischend über unseren Köpfen.

„Manni", rief ich „wie herrlich muß es doch auf einer der Flußinseln sein! Wer weiß, vielleicht gelingt es uns, eine Wildgans oder einen Schwan dort zu fangen?"

„Glaubst du wirklich, Nonni?"

„Wir können es wenigstens versuchen."

„O ja", rief Manni begeistert aus, „denk einmal, wie die Mutter sich freuen würde, wenn wir ihr eine Wildgans nach Hause brächten!"

„Dann wollen wir aber nicht länger warten, Manni, sondern jetzt gleich über den Fluß setzen."

„Ja, Nonni", erwiderte jetzt ohne Furcht der kleine Manni.

Wir sahen uns nach einen Steinblock oder einer anderen Erhöhung um, von der aus Manni leichter aufsteigen könnte.

Doch hier war alles flach. Wir mußten uns also auf andere Weise helfen.

„Hör! Manni", schlug ich vor, „zuerst helfe ich dir hinauf. Dann werde ich selber versuchen, zu dir hinaufzuklettern."

„Gut, aber gib acht", warnte Manni, „daß, wenn ich oben bin, das Pferd sich nicht von dir losreißt und mit mir allein davonläuft wie letztes Jahr in den Bergen bei Mödruvellir."

„Meinst du damals, als wir in der Höhle des Haldor Helgason von Borg übernachteten?"

„Ja."

„Hab nur keine Angst, Manni. Ich werde mich in acht nehmen."

Ich untersuchte, ob die Schnur, die uns als Zügel diente, in Ordnung war, und band das eine Ende noch etwas fester um den Unterkiefer des Pferdes.

Dann wickelte ich das andere Ende sorgfältig um meine linke Hand, damit der Goldfuchs mir nicht plötzlich durchschlüpfe.

Ich ließ Manni, auf meine Knie steigen und half ihm, hinaufzukommen.

Kaum saß er oben, da wurde der Goldfuchs ungeduldig, stampfte mit den Hufen und wollte loslaufen.

„Verlier die Schnur nicht, Nonni!" rief Manni.

„Sei ganz ruhig, Manni, ich werde sie nicht loslassen."

Das Pferd stampfte und drehte sich mehrere Male ungeduldig um sich herum.

„Halte dich fest an der Mähne", rief ich Manni zu, „jetzt will ich versuchen, zu dir hinaufzusteigen."

Immer die Zügel stramm in der linken Hand haltend, versuchte ich jetzt, auf das unruhige Pferd hinaufzuspringen.

Doch kaum war ich halbwegs oben, da fing das Pferd auch schon zu laufen an.

Ich mußte schnellstens hinunterspringen, sonst wäre ich einige Augenblicke später unfehlbar ins Wasser gefallen.

Ich führte das Pferd weiter vom Fluß weg und versuchte noch einmal, auf seinen Rücken hinaufzukommen.

Doch während meine Beine noch nach der einen Seite herunterhingen, sprang der Goldfuchs wieder in vollem Galopp dem Flusse zu.

Noch einmal führte ich ihn vom Ufer weg. Dann sagte ich zu Manni:

„Ich will dir die Zügel geben, Manni. Glaubst du, daß du ihn zurückhalten kannst?"

„Ich will es versuchen, Nonni."

„Aber du mußt die Schnur fest anziehen, sonst läuft er mit dir allein davon."

Vorsichtig übergab ich die Schnur meinem kleinen Bruder.

„Stramm anziehen!" mahnte ich noch einmal.

„Verlaß dich auf mich, Nonni!" sagte der Kleine selbstsicher.

Vorsichtshalber blieb ich noch eine kleine Weile vor dem Pferd stehen und streichelte es am Kopf und am Hals, um es zu beruhigen.

Als ich sah, daß es ganz still und ruhig dastand, ging ich etwas zurück, um nun wieder das Aufsitzen hinter Manni zu versuchen.

„Hältst du fest, Manni?"

„Ja."

Ich legte die Arme auf den Rücken des Pferdes und sprang mit einem kräftigen Ruck in die Höhe.

Mit der Brust lag ich schon oben, da aber, noch bevor ich mich aufsetzen konnte, machte das lebhafte Tier einen gewaltigen Sprung nach vorwärts...!

„Halte ihn zurück, Manni!" schrie ich so laut ich konnte., „Um Gottes willen, halt ihn doch zurück, sonst wirft er mich ab...!"

Manni tat, was er konnte, lehnte sich zurück und zog mit allen Kräften an der Schnur. Doch umsonst.

Das junge, kräftige Tier ließ sich nicht bändigen, sondern sprang in raschen Sätzen dem Fluß zu.

Bei jedem Sprung glitt ich tiefer hinunter und sah den Augenblick kommen, wo ich ganz den Halt verlieren würde.

„Nonni, er läuft ins Wasser hinein...!" schrie Manni entsetzt.

„Er läuft ins Wasser, Nonni!" wiederholte er verzweifelt, „ich kann ihn nicht zurückhalten...!"

Blitzartig kam mir der Gedanke, Manni von dem wilden Pferd herunterzureißen.

Doch schon sprang das Tier vom Ufer hinunter in den Fluß, wobei ich den Halt verlor und in das Wasser stürzte.

Ich sank unter die Oberfläche bis auf den Grund, und die kalten Fluten schlugen über meinen Kopf zusammen.

„Wenn Manni nur nichts zustößt!" Das war der einzige Gedanke, der mich beherrschte.

Ich stieß mich so schnell wie möglich vom Grund ab und schoß im nächsten Augenblick in die Höhe. Als ich aus der Wasserfläche emportauchte, sah ich Manni und das Pferd im Fluß.

Der Goldfuchs watete ganz langsam dem entgegengesetzten Ufer zu. Manni saß noch in derselben Stellung wie vorher, vornübergebeugt, und hielt sich krampfhaft an der Mähne fest.

Das Wasser ging ihm fast bis an die Knie.

Meine einzige Furcht war, daß er ins Wasser fallen könnte. Dann aber war er verloren, denn er konnte noch nicht schwimmen.

„Manni!" schrie ich ihm nach, „halte dich fest und mache die Augen zu! Dann geht alles gut...!"

Ich starrte ihm nach.

„Augen schließen! Augen schließen, Manni! Nur nicht auf das Wasser schauen!" wiederholte ich mehrere Male.

Manni gab keine Antwort. Oder vielleicht antwortete er, aber ich konnte ihn nicht hören.

Das alles hatte nur wenige Augenblicke gedauert.

Ich hatte auf dem Felsengrund eine etwas erhöhte Stelle gefunden, dort festen Fuß gefaßt und stemmte mich, so gut ich konnte, gegen den Strom. So versuchte ich, das andere Ufer zu erreichen. Da aber trat ich am Boden in eine Vertiefung und verlor das Gleichgewicht. Ich wurde von Strom erfaßt und trieb flußabwärts.

Hätte ich nicht schwimmen können, so wäre ich unrettbar verloren gewesen.

Rasch entschlossen, begann ich mit kräftigen Bewegungen zu schwimmen und kam bald ans Ufer zurück.

Ich stieg aus dem Wasser und schaute nach Manni.Der Goldfuchs war bis in die Mitte des Flusses gelangt. Nur noch Kopf und Rücken ragten aus dem Wasser.

Manni saß noch immer fest und unbeweglich da. Das Wasser ging ihm jetzt bis über die Knie hinauf.

Der starke Strom trieb das Pferd den Fluß hinunter. Um dem Druck der Fluten besser widerstehen zu können, drehte sich der Goldfuchs plötzlich gegen die Strömung, so daß das Wasser durch seine Brust gespalten wurde. Auf diese Weise näherte er sich langsam seitwärts gehend, dem Ufer.

Da auf einmal entfuhr mir ein Schrei des Entsetzens: Der Goldfuchs hatte sich plötzlich mitten im Wasser auf die Seite gelegt. Dabei wurde Manni abgeworfen und verschwand sofort in den Fluten.

Diese äußerst gefährliche Gewohnheit der isländischen Pferde kannte ich nur zu gut. Sie versuchen auf diese Weise den Reiter abzuwerfen, wenn er ihnen im Wasser ihren Willen nicht läßt. Hier wollen sie in ihren Bewegungen ungehindert sein. Wahrscheinlich hatte Manni zu stark an der Schnur gezogen. In meinem ersten Schrecken stieß ich verzweifelt aus:

„Allmächtiger, guterGott! Hilf meinem Bruder! Laß ihn nicht ertrinken...!"

Dabei sah ich, daß das Pferd schon von der starken Strömung erfaßt worden war und rasch mit den Wassermassen flußabwärts trieb.

So verstrichen einige qualvolle Augenblicke.

Plötzlich starrte ich aber wie gebannt auf das Wasser: ich sah etwas, was sich neben dem Pferd bewegte.

Wie unbeschreiblich groß war meine Freude, als ich neben dem Pferd, das nun dem Ufer zu watete, den Kopf meines kleinen Bruders entdeckte.

138

Manni war zwar von seinem Sitz auf dem Rücken des Goldfuchses abgeschüttelt worden, hatte sich aber krampfhaft an der Mähne festgehalten.

„Gott sei Dank!" rief ich außer mir vor Freude.

Dann schrie ich mit ganzer Kraft zu ihm hinüber:

„Bravo Manni! Halt dich nur fest! Es geht alles gut! Du bist tapfer gewesen."

Ob er mein Rufen hören konnte, wußte ich nicht. Der Goldfuchs aber kam dem anderen Ufer immer näher, und Manni hielt sich noch immer an seiner Mähne fest.

Endlich hatten sie das Ufer erreicht.

„Manni", rief ich jetzt, so laut ich konnte, „verliere die Schnur nicht! Halte die Schnur fest!"

Ich fürchtete, daß er in seiner Verwirrung die Schnur vielleicht loslassen könnte. Dann aber würde das Pferd sofort von ihm weglaufen.

Als wenige Augenblicke später der Goldfuchs aufs Ufer trat, faßte Manni mit einem schnellen Griff die herunterhängende Schnur.

Dann drehte er sich nach mir um und machte einige Zeichen mit der Hand.

„Das hat du gut gemacht!" rief ich ihm über den Fluß zu.

Dann überlegte ich. Was sollte ich tun?

Meinem kleinen Bruder konnte ich unmöglich den gefahrvollen Weg durch das Wasser zu mir zurück zumuten.

Manni durfte nicht ein zweites Mal sein Leben aufs Spiel setzen. Das stand fest. Also mußte ich zu ihm hinüber.

Ich zauderte noch ein wenig, denn das Schwimmen durch den breiten kalten Fluß kam mir doch schrecklich vor. Sollte ich es wagen oder nicht? Ich besann mich noch einen Augenblick, doch dann zog ich rasch meine Jacke aus und warf sie ins Gras.

Dann wandte ich mich zu Manni:

„Manni, ich schwimme jetzt zu dir hinüber!"

Manni schwieg einige Augenblicke.

Dann rief er zurück:

„Nein, Nonni das darfst du nicht!"

„Warum nicht?"

„Es ist zu kalt, und du kannst ertrinken!"

„Ich kann aber doch schwimmen!"

„Du darfst nicht, Nonni, du darfst nicht. Der Strom ist viel zu stark!"

„Doch, Manni, es wird schon gehen. Du weißt gar nicht, wie gut ich schwimmen kann."

Jetzt aber fuchtelte Manni wild mit den Armen und schrie mit aller Kraft:

„Nonni, bleib. Geh nicht in den Fluß!"

Es war nichts zu machen. Ich stand ratlos da. Weil ich auf die Flußinsel kommen wollte, hatte ich Manni überredet, seine Furcht vor dem Wasser zu überwinden – und hatte ihn dadurch in Lebensgefahr gebracht. Nein, ich mußte unbedingt hinüber und ihn holen!

In dem Moment rief Manni lebhaft:

„Nonni, jetzt weiß ich, was wir tun."

„Und was?"

„Ich will versuchen, das Pferd in den Fluß zu treiben, dann kommt es ganz allein zu dir hinüber. Dann nimmst du es und kannst über den Fluß reiten und zu mir herüberkommen."

Ich überlegte einen Augenblick.

„Dein Vorschlag ist gar nicht schlecht, Manni", rief ich zurück. „Aber ob der Goldfuchs dir gehorchen wird und sich von dir in den Fluß treiben läßt?"

„Bestimmt, Nonni. Er ist jetzt nicht mehr so wild."

„Gut, Manni, dann kannst du es ja versuchen. Aber sei vorsichtig und laß ihn nicht aus der Hand! Geh nun und such dir die Steine zusammen."

Von unseren Ausflügen her wußte Manni schon, wozu die Steine dienen sollten.

Es ist nämlich bei den Flußübergängen auf Island Sitte, daß man die Pferde, die ja nicht immer gern durch das tiefe Wasser waten und schwimmen wollen, mit kleinen Steinen bewirft, um sie ins Wasser zu treiben.

Eine Zeitlang ging Manni am Ufer auf und ab, führte dabei das Pferd an der Schnur hinter sich und füllte seine Tasche mit einer Menge Steinchen.

Nach einer Weile rief er mir zu:

„Jetzt habe ich genug Steine. Ich treibe das Pferd ins Wasser!"

140

„Warte noch ein wenig!" rief ich.

Ich zauderte noch.

Würde uns das Pferd jetzt entschlüpfen, wären wir verloren. Denn Manni befand sich ja auf einer langgestreckten Insel, mitten im Fluß, überall vom strömenden Wasser umgeben.

Was würde aus uns werden ohne das rettende Pferd?

Unser Leben hing also an dem Goldfuchs.

Während ich so überlegte, rief Manni ungeduldig:

„Wollen wir nicht bald anfangen?"

Ich gab mir einen Ruck.

„Gut, Manni, fangen wir jetzt an!"

„Was soll ich tun?"

„Ist das Wasser bei dir tief?"

„Nein, hier am Ufer ist es flach!"

„Dann geh mit dem Pferd ein Stückchen ins Wasser und spring schnell zurück!"

„Und dann?"

„Dann bewirf es vom Ufer, damit es nicht zurückkommt."

„Gut, Nonni. Das will ich versuchen."

Trotz der Kälte ging Manni mutig ins Wasser hinein und zog den etwas zögernden Goldfuchs an der Schnur hinter sich her.

Als er unser Reittier eine kleine Strecke ins Wasser hinausgeführt hatte, ging er rasch wieder ans Ufer. Das Pferd blieb unterdessen still im Wasser stehen.

Nach einer kleinen Weile schaute es sich nach Manni um und fing an, umzukehren.

Da aber kam ihm der Kleine drohend entgegen und jagte es wieder in den Fluß.

Das Tier blieb noch einmal stehen und schien zuerst nicht recht zu wissen, wohin es sich wenden sollte.

Nun holte Manni die Steine aus der Tasche und bewarf es damit. Der Goldfuchs versuchte bald links, bald rechts von Manni ans Ufer zu gelangen. Doch Manni drohte ihm so energisch, daß der Goldfuchs es aufgab und vom Ufer weg langsam ins tiefere Wasser watete.

Manni ermunterte ihn durch lautes Zurufen und lebhafte Bewegungen, und wenn er von neuem stehenblieb, bewarf er ihn wieder mit den Steinen.

Jetzt war die Sache gut im Gange. Nun kam es darauf an, daß ich das lebhafte Tier bei seiner Ankunft an meinem Ufer einfangen und festhalten konnte.

Wenn es mir entschlüpfen sollte, dann würde es sofort Reißaus nehmen und den Rückweg nach seinen wohlbekannten Weideplätzen bei Akureyri ohne uns antreten.

Mit pochendem Herzen stand ich da und wartete voller Spannung. Der feurige kleine Renner kam immer näher, und meine Furcht, ihn schließlich doch zu verlieren, wurde immer größer.

Als er die Mitte des Flusses erreicht hatte, drehte er sich und bot der starken Strömung die Brust statt der Flanke.

Er wurde trotzdem von der reißenden Fluten stromabwärts getrieben und watete nun nicht vorwärts, sondern seitwärts dem Ufer zu.

Auch ich ging am Ufer stromabwärts, um ihm immer gegenüber zu sein.

Je näher er ans Ufer kam, um so leichter wurde ihm das Waten denn das Wasser wurde immer flacher.

Schließlich ging es ihm nur noch bis an die Knie, so daß er nun schnell vorwärtsschreiten konnte.

Auf einmal blieb er stehen und schaute mich unruhig an. Darauf änderte er seine Richtung und watete stromabwärts.

Ich erschrak. Der Goldfuchs wollte sich nicht fangen lassen!

Ich lief ebenfalls flußabwärts, um immer in seiner Nähe zu bleiben. Jetzt mußte er bemerkt haben, daß ich es auf ihn abgesehen hatte, denn er blieb wiederum stehen.

Ich rief ihm allerlei Freundlichkeiten zu, um ihn zu gewinnen. Doch mein Zureden half nichts.

In meiner Not fiel mir plötzlich ein: „Aber warum pfeifst du denn nicht? Nur durch das Pfeifen kannst du ihn ja zum Stehen bringen, und dann kannst du zu ihm in den Fluß hineinwaten und ihn draußen im Wasser fangen."

Gedacht, getan. Ich begann sofort mein Zaubermittel anzuwenden: ich pfiff, setzte ein freundliches Gesicht auf und breitete die Arme aus.

Auf der Stelle blieb der Goldfuchs im Fluß stehen. Er spitze die Ohren und sah gerade vor sich hin.

142

Doch er stand noch im Wasser, und dort mußte auch ich hin, wenn ich ihn fangen wollte.

Ich stieg also, immer pfeifend, in den Fluß und näherte mich langsam und bedächtig dem Pferd.

Bald hatte ich es erreicht und konnte nach der Schnur greifen. Erleichtert atmete ich auf.

Von nun an war nichts mehr zu fürchten. Der Goldfuchs war und blieb gefangen.

„Bravo, Nonni!" schrie Manni mir über den Fluß zu.

Jetzt war keine Zeit zu verlieren: ich mußte in aller Eile zu ihm hinüber und ihn zurückbringen. Und dann mußten wir beide ebenso schnell nach Hause reiten.

Ich watete mit meinem Tier zu einem Steinblock, der aus dem Wasser ragte, und konnte von da aus mit Leichtigkeit auf seinen Rücken kommen.

Dann lenkte ich den Goldfuchs weiter in den Fluß hinein und gelangte nach einigen Minuten zu meinem kleinen Bruder hinüber.

Sobald der Goldfuchs aus dem Wasser trat, sprang ich zu Manni hinunter.

War das eine Freude für uns beide!

Wir umarmten uns stürmisch und vergaßen fast unsere nassen Kleider.

Aber unsere klappernden Zähne erinnerten uns bald daran, daß wir uns hier nicht lange aufhalten durften.

Wir mußten in aller Eile wieder über den Fluß und dann ohne Verzug nach Hause reiten.

Doch zuvor gaben wir unserem vierbeinigen Freund einige freundschaftliche Klapse.

„Du guter, kleiner Goldfuchs", sagte Manni zu ihm, „jetzt darfst du uns aber nicht mehr ins Wasser werfen."

Das kräftige Pferd schaute Manni mit seinen großen Augen gutmütig an.

„Er wirft uns sicher nicht mehr ab", sagte Manni.

„Ich glaube es auch nicht", antwortete ich. „Aber ich denke doch, daß du dich auf alle Fälle so fest wie nur möglich an seiner Mähne halten mußt."

„Das will ich tun", versprach der Kleine. „Aber wie sollen wir nun auf seinen Rücken wieder hinaufkommen?" fragte er besorgt.

Zum Glück ragten aus dem Fluß einige Steinblöcke hervor.

„Paß auf, Manni. Zuerst will ich dir gleich hier hinaufhelfen, dann werde ich mit dem Pferd ein Stück in den Fluß hinauswaten, um dort von einem der Steinblöcke auf seinen Rücken hinaufzuklettern."

„Das ist ein guter Gedanke, Nonni. Aber dann bekommst du ja ganz nasse Füße!"

„Ach, die sind schon so naß, daß sie nicht nässer werden können."

„Das ist wahr. Ich hatte es vergessen", lachte Manni.

Ich half ihm nun auf das Pferd hinauf. Dann ging es in den Fluß hinein.

Ich zog das Reittier mit dem kleinen Reiter darauf an der dünnen Schnur zu einem Steinblock im Wasser draußen.

Es stellte sich daneben und verhielt sich ganz ruhig, während ich auf seinen Rücken hinter Manni hinaufstieg.

Sobald ich droben war, schlug ich den linken Arm um meinen Bruder; mit dem rechten Arm lenkte ich das Pferd.

Der Goldfuchs machte keine Schwierigkeit, sondern watete wieder mutig in den tiefen Strom hinaus.

War das eine eigentümliche Bewegung, ein Fließen und Strömen rund um uns herum!

„Nonni!" rief auf einmal Manni, „jetzt werde ich wieder schwindelig."

„Du mußt wieder die Augen zumachen, Manni. Dann hört der Schwindel auf."

Der Kleine schloß die Augen und wurde ruhiger. Aber jetzt hatte auch ich Mühe, mitten in dem reißenden Strom mich vom Schwindel frei zu halten.

Dieses Fließen und Strömen, dieses Sausen und Brausen um einen herum übt auf die Nerven und auf die Sinne ein geheimnisvolle Wirkung aus.

Ich wurde verwirrt und wie betäubt. Es kam mir plötzlich vor, als ob das Wasser stillstände und wir mit reißender Schnelligkeit stromwärts eilten.

Dann änderte sich wieder die Lage, und jetzt schienen mir die beiden Flußufer in starker Vorwärtsbewegung zu sein, während wir selbst ganz still mitten im Fluß standen.

Diese optischen Täuschungen wirkten so verwirrend auf mich, daß ich eine eigenartige Neigung empfand, mich vom Pferd ins Wasser hinuntergleiten zu lassen.

Doch ich widerstand dem gefährlichen Drang.

Sobald wir in das tiefe Wasser hineinkamen, hütete ich mich sorgfältig, auch nur im geringsten an der Schnur zu ziehen. Ich ließ dem Goldfuchs vollständig seinen eigenen Willen und hinderte ihn in keiner seiner Bewegungen.

Er seinerseits wandte sich bald gerade gegen den Strom, bahnte sich, seitwärts gehend, ruhig und fest seinen Weg durch die mächtige Strömung und brachte uns in kurzer Zeit wohlbehalten an das andere Ufer.

Als er trockenen Boden unter sich hatte, blieb er einen Augenblick stehen und schüttelte durch heftige Bewegungen das Wasser von sich ab.

Darauf wandte er sich heimwärts, ohne daß wir ihm eine Weisung dazu gegeben hätten.

Nun begann ein wildes Rennen über die saftigen Wiesen und die graugelben Lavawüsten, über hartes Felsgestein und loses Steingeröll.

Als wir den Weideplatz, auf dem wir den kleinen, prächtigen Goldfuchs gefunden hatten, erreichten, blieb er von allein stehen: ein Zeichen für uns, daß wir nun absteigen möchten. Wir verstanden diese stumme Sprache und sprangen hinunter. Dann machte ich die Schnur los, wir tätschelten und streichelten das Tier und dankten ihm so für seine guten Dienste.

Dann winkten wir ihm noch mit der Hand zum Abschied und rannten im Laufschritt heimwärts.

Je schneller wir liefen, desto mehr verschwand das Kältegefühl in unseren Gliedern.

„Ich fange an, ganz warm zu werden", sagte Manni.

„Auch ich fühle mich nicht mehr so kalt", gab ich zur Antwort.

„Aber was wird die Mutter sagen, wenn sie uns in den nassen Kleidern sieht?" fragte Manni ängstlich.

„Du brauchst keine Angst zu haben", beruhigte ich Manni. „Erst wenn wir trockene Kleider angezogen haben, gehen wir zu ihr und erzählen wir ihr alles. Dann wird sie sich freuen, daß alles so gut abgelaufen ist."

„Ja, Nonni, so werden wir es machen", sagte Manni erleichtert.

So rannten wir die Höhen hinunter, bis wir den letzten Berghang erreichten, an dem unmittelbar unser elterliches Haus lag. Einen Augenblick blieben wir am Hang stehen und schauten auf das Haus hinunter.

Eine bläuliche Rauchwolke stieg aus dem Kamin.

„Manni", sagte ich, „das Mädchen ist jetzt sicher in der Küche und kocht das Abendessen. Dann wird wohl die Mutter mit Bogga in der Wohnstube sitzen. Meinst du nicht auch?"

„Ja, Nonni."

„Gut, dann laufen wir schnell hinunter und gehen durch die hintere Tür ins Haus hinein. Wir laufen rasch durch die Küche, damit das Mädchen nichts merkt. Dann gehen wir die Treppe hinauf, nehmen trockene Sachen aus dem großen Kleiderschrank und ziehen uns in unserem Schlafzimmer um. Dann brauchen wir nichts mehr zu befürchten."

Wir rannten nun den Berghang hinunter, erreichten bald das Haus, durchsausten die Küche wie ein Sturmwind, indem wir im Vorbeilaufen der Magd lustig zuriefen:

„Guten Tag, Gunna!"

„Guten Tag!" antwortete Gunna munter, indem sie sich vom Feuer umdrehte und uns einen raschen Blick zuwarf.

„Aber, mein Gott, was ist denn das, Kinder!" rief sie darauf aus. „Ihr seid ja patschnaß! Seid ihr denn ins Wasser gefallen?"

„Wie schade", flüsterte Manni, „nun muß doch Gunna alles entdecken!"

Ich lief zu ihr hin und sagte:

„Wir sind beide etwas naß geworden, Gunna. Aber bitte, bitte sag der Mutter nichts davon. Wir wollen ihr nachher alles selbst erzählen."

„Sei nur ruhig, Nonni. Ich werde niemand etwas sagen. Aber was ist euch denn passiert? Ihr seht ja schrecklich aus. Ihr seid wohl draußen auf dem Meer gewesen?"

„Nein, Gunna, wir sind über den Fluß geritten und fielen für einen Augenblick ins Wasser. Das ist das Ganze."

„Aber warum seid ihr denn über den Fluß geritten?"

Bevor ich antworten konnte, ging die Tür auf, und unsere Schwester Bogga schaute in die Küche.

„So…! Seid ihr wieder da!" rief sie aus, als sie uns erblickte. „Die Mutter hat gerade nach euch gefragt, weil ihr so lange draußen gewesen seid!"

Dann aber sah sie unsere nassen Kleider und rief:

„Aber Nonni, du bist ja ganz naß vom Kopf bis zu den Füßen! Wie kommt denn das?"

„Ich werde es dir gleich sagen, Bogga. Aber zuerst müssen wir uns beide umziehen."

„Wie! Ist denn Manni auch naß geworden?" rief sie erstaunt und blickte auf Manni. „Aber richtig, du bist auch ganz naß, Manni! Was habt ihr denn wieder angestellt?"

„Ach, Bogga, sei doch ruhig! Wir haben nur bei unserem Nachmittagsritt ein kleines Abenteuer gehabt und müssen jetzt die Kleider wechseln."

„Ihr armen Jungen! Wie blaß ihr ausseht! Ihr müßt ja schrecklich frieren", sagte Bogga nun teilnahmsvoll.

„Ja, Bogga, das tun wir auch. Deshalb müssen wir uns auch gleich umziehen."

„Gut", sagte Bogga. „Dann gehe ich mit euch hinauf, um euch zu helfen. Ihr könnt ja eure Kleider nicht allein finden."

Es freute mich, daß Bogga mit uns gehen wollte; denn dann konnten wir sicher sein, daß sie der Mutter nichts sagen würde.

Deshalb nahm ich ihr Angebot an und sagte:

„Komm nur mit, Bogga. Es ist nett von dir, daß du uns helfen willst."

Wir liefen alle drei die Treppe hinauf. Im großen Kleiderschrank fand bald ein jeder von uns einen trockenen Anzug. Nach wenigen Minuten waren wir fertig und fühlten uns überaus wohl in den trockenen Kleidern.

„Jetzt aber gehen wir zur Mutter hinunter", meinte Bogga.

„Ja", sagte Manni. „Wir müssen ihr doch erzählen, was für einen schönen Ritt wir gemacht haben."

Bogga schaute lachend den Kleinen an und sagte: „Ihr seid beide bei eurem Ausflug ins Wasser gefallen, und das nennst du einen schönen Ritt!"

„Das war gerade der Spaß dabei, Bogga, daß wir ins Wasser gefallen sind, ohne zu ertrinken."

„Ein schöner Spaß, Manni! Mir kommt er doch etwas gefährlich vor."

Ein paar Augenblicke später standen wir vor der Tür zur großen Wohnstube.

Bogga klopfte.

„Herein!" rief die Mutter, und wir traten ins Zimmer.

Die Mutter saß am Fenster und strickte.

„Mutter, Nonni und Manni haben einen schönen Ritt gemacht in das Eyjafjardarátal hinein", sagte Bogga scherzhaft.

Dann nahm sie ihr Strickzeug und setzte sich.

Bei diesen Worten fing Manni schon an, an seinem Ohrläppchen zu zupfen. Dann aber lief er zur Mutter hin und schlug beide Arme um ihren Hals.

Die Mutter drückte schweigend einen Kuß auf seine Wange.

„Mutter", begann Manni, „wir haben einen wunderschönen Ritt gemacht."

„So? Und wo seid ihr denn hingeritten?"

„Weit, weit nach Süden, Mutter. Wir sind noch nie so weit gewesen."

„Soso! Dann müßt ihr aber ein gutes Pferd gehabt haben."

„Ja, gewiß, Mutter, einen kleinen Goldfuchs. Und er konnte laufen, so schnell wie der Wind. Und er wurde nie müde. Wir saßen zu zweit darauf, Nonni vorn und ich hinten."

„Und was habt ihr da alles gesehen auf der Reise?"

„Wir sahen hohe Felsen und grüne Wiesen und Halden und schöne Blumen und Vögel und viele Kühe und Schafe."

„Das war sicher schön, Manni. Und wie ging es dann weiter?"

„Dann kamen wir zum Fluß Eyjafjardará, und der Goldfuchs lief hinein, und dann fielen wir beide ins Wasser."

„Ins Wasser?"

„Ja, Mutter", lachte der Kleine, „in den großen Fluß hinein. Und das war sehr lustig, Mutter."

Die Mutter schaute nicht auf, sondern fragte ruhig weiter:

„In die Eyjafjardará?"

„Ja, Mutter, in den Strom hinein, ganz tief ins Wasser hinunter."

„In den tiefen Strom seid ihr gefallen?" fragte die Mutter langsam, indem sie jetzt das Strickzeug auf den Schoß legte.

„Und wie seid ihr wieder herausgekommen?"

„Ich hielt mich fest an dem Goldfuchs, und Nonni schwamm ans Ufer."

„Aber, du guter Gott!" sagte die Mutter, indem sie mir mit aller Ruhe einen fragenden Blick zuwarf, „ist das auch wahr, Nonni?"

„Ja, Mutter. Wir sind beide ins Wasser gefallen, aber haben uns auch ganz leicht wieder herausgerettet."

Die Mutter warf einen prüfenden Blick nach uns beiden.

Dann wandte sie sich an Bogga und fragte:

„Haben die Jungen auch alles gewechselt, Bogga?"

„Ja, Mutter, ich habe es gesehen."

„Gut. – Aber, Nonni, warum seid ihr über den Fluß geritten?"

„Es war der gerade Weg, Mutter, und der gewöhnliche Flußübergang. Und da wollten wir uns etwas umsehen auf den großen grünen Inseln mitten im Flußbett. Es sind so viele Vögel darauf, Schwäne, Wildgänse, Wildenten und andere, und wir waren noch nie dagewesen."

„Es ist gewiß schön dort, und ich gönne es euch, daß ihr euch draußen umseht. Aber, Nonni, du weißt doch, daß der Goldfuchs ein feuriges Tier ist. Gerade so etwas muß man bedenken. Man muß das Pferd kennen und es richtig zu behandeln wissen. – Wie bist du denn hineingefallen?"

„Nonni konnte nicht schnell genug aufsitzen, Mutter", fuhr lebhaft Manni dazwischen, „und als der Goldfuchs zu laufen begann, fiel er herunter."

„Du wolltest sicher viel zu nah am Ufer aufsitzen."

„Ja, Mutter, das habe ich mir dann auch gedacht."

„Und wie ist denn Manni ins Wasser gefallen?" fragte jetzt die Mutter.

„Als der Goldfuchs mitten im Fluß war", erwiderte Manni, „legte er sich plötzlich auf die Seite, und so fiel ich herunter."

150

„Hast du draußen im Fluß am Zaum gezogen?"

„Ja, Mutter", erwiderte Manni. „Der Goldfuchs drehte sich plötzlich gegen den Strom, wie wenn er flußaufwärts waten wollte, statt nach dem Ufer zu gehen. Da zog ich an der Schnur, um ihn ans Ufer zu leiten. Da legte er sich plötzlich auf die Seite."

„Das hättest du nicht tun sollen, Manni", antwortete die Mutter.

„Der Goldfuchs hat sich gegen den Strom gewendet, um besser gegen den Druck des Wassers kämpfen zu können. Da darf man ihn nicht hindern. Bei den Flußübergängen muß man den Pferden ihre Freiheit lassen."

„Hätte ich nur daran gedacht, Mutter!" sagte Manni kleinlaut und zupfte dabei an seinem Ohrläppchen.

„Ein anderes Mal müßt ihr vorsichtiger sein, Kinder. Gott hat in dieser Gefahr seine Hand über euch gehalten. Wir wollen nicht vergessen, ihm dafür zu danken."

„Das wollen wir heute beim Abendgebet tun", sagte Manni.

Die Mutter nahm uns beide liebevoll in die Arme.

„Es ist euch bis jetzt immer gut gegangen. Aber eines solltet ihr doch nicht vergessen: Man darf Gott nicht versuchen. Er will, daß auch wir von unserer Seite aus vorsichtig und vernünftig sind. Nur wenn wir das sind, können wir auf seine Hilfe hoffen."

„Wir wollen auch immer vernünftig sein, Mutter. Aber dann darfst du auch nicht ängstlich sein, wenn wir draußen sind", sagte Manni.

„Das bin ich auch nicht, mein liebes Kind", sagte die Mutter, indem sie aufstand. „Solange ihr euch vorseht, werde ich nie ängstlich sein und euch auch eure Ausflüge nicht verbieten."

Es wurde an der Tür geklopft.

Bogga sprang auf, lief nach der Tür und öffnete.

Es war Gunna, die meldete, daß das Abendessen fertig sei.

„Gut, Gunna", sagte die Mutter, „wir kommen gleich. Aber bitte, bringe zwei Tassen warme Milch für die Jungen."

Gunna verschwand wieder in der Küche, und wir begaben uns in das kleine Zimmer nebenan, wo das Abendessen auf dem Tische stand.

Während der Mahlzeit hatten Manni und ich einen so ungewöhnlich gesunden Appetit, daß Bogga darauf aufmerksam wurde.

„Was ihr aber heute abend für einen Hunger habt!" bemerkte sie lächelnd.

„Das kommt von unserem Ritt, Bogga", erklärte Manni.

„Und von dem kalten Bad", fügte ich hinzu.

„Nun, dann hat das kalte Wasser euch wenigstens nicht geschadet", erwiderte Bogga lachend.

Nach dem Abendessen saßen wir noch eine Weile zusammen und erzählten einander.

Doch bald fing Manni an, schläfrig zu werden.

Wir standen deshalb auf und gingen zu Bett. Nach unserem Abendgebet fielen wir bald in einen tiefen Schlaf und träumten von dem Goldfuchs, den Wildenten, Wildgänsen und Schwänen auf der grünen Insel im Fluß Eyjafjardará.

Nonni im Schneesturm

Es war gegen Ende des Winters. Wir wohnten damals in Akureyri am großen Golf Eyjafjördur in Nordisland.
Hoch oben, zwischen den Bergen im Südwesten, lag der an-
sehnliche Hof Háls. Dort wohnte eine große Familie, die mit
meinen Eltern befreundet war.
Wenn die Leute von Háls nach Akureyri herabgeritten kamen,
nahmen sie bei uns ihr Absteigequartier. Das war immer ein
Festtag für uns, denn mit den Kindern von Háls verstanden wir
uns gut.
Eines Tages erhielt ich einen Brief von Waldi, meinem Freund
vom Hof Háls.

      „Mein Lieber Nonni!
Dienstag ist mein Geburtstag. Er wird gefeiert mit Schokolade
und Kuchen. Ich lade dich zum Fest ein.
                Dein Freund Waldi
Nachschrift: Du mußt aber sicher kommen. Also vergiß nicht,
am nächsten Dienstag!
                    Dein Waldi"

Wie mich das freute!
Gleich lief ich mit dem Brief zur Mutter:
„Mutter, schau mal, Waldi lädt mich zu seinem Geburtstag ein.

Nicht wahr, du erlaubst doch, daß ich am Dienstag nach Háls reite?"

Die Mutter lächelte und sagte:

willst allein nach Háls reiten, Nonni?"

„Ja, Mutter, ich kenne den Weg wie meine Hosentasche. Ich bin ja schon so oft dort gewesen."

„Ja, aber hast du jemals den Weg allein gemacht?"

„Nein, das gerade nicht; aber ich finde den Weg ganz bestimmt. Und zudem will ich auf Grani hinreiten, du weißt ja, der findet seinen Weg immer."

Grani war das ruhigste von unseren Reitpferden. Und daß man sich auf ihn verlassen durfte, konnte die Mutter nicht leugnen.

Die kleinen isländischen Pferde sind berühmt wegen ihrer erstaunlichen Geschicklichkeit, sich unterwegs zurechtzufinden. Wenn der Reiter sich am Wege irrt, braucht er nur die Zügel freizugeben und alles dem Pferde zu überlassen. Dieses verläuft sich nie, auch nicht bei Nebel oder Schneesturm.

Deshalb antwortete die Mutter:„Gut, mein Kind, diese Schwierigkeit ist gelöst. Aber ich habe noch ein anderes Bedenken: Wie wird das Wetter sein? Wir müssen an dem Tage gutes Wetter haben, sonst kann keine Rede sein von einer so weiten Tour. Es ist ja ein Weg von mindestens zwei Stunden."

Schnell sagte ich darauf:

„Das Wetter wird sicher gut sein, Mutter. Nicht wahr, ich habe die Erlaubnis?"

„Gut, wenn das Wetter günstig ist, will ich es dir erlauben."

Ich freute mich mächtig und lief gleich zum Vater, um ihm die frohe Neuigkeit zu erzählen. Ihn brauchte ich nicht um Erlaubnis zu bitten; denn derartige Sachen überläßt er immer der Mutter.

Der Vater saß gerade am Arbeitstisch und schrieb. Ich zeigte ihm den Brief und sagte, die Mutter habe mir erlaubt, nach Háls zu reiten.

Er schaute mich bedenklich an und sagte:

„Nach Háls hinaufreiten? Hat das die Mutter wirklich gestattet? Mir scheint das ist doch etwas gewagt."

„O nein, Vater, Grani und ich kennen den Weg; auch nehme ich Fidel mit. Der läuft immer voraus und zeigt den Weg."

„Nun, wir haben ja noch Zeit und können uns die Sache bis Dienstag überlegen."

„Vater, du wirst sehen, alles geht gut."

Damit lief ich aus dem Zimmer.

Die Tage gingen vorüber, es fiel kein Schnee.

Am Montag war klares Frostwetter. Mir hüpfte vor Freude das Herz in der Brust, als ich sah, wie gut meine Reiseaussichten für den folgenden Tag waren.

Ein Mann aus der Stadt sollte gerade an diesem Montag nach Háls hinaufreiten. Deshalb bat meine Mutter ihn, oben zu melden: wenn das Wetter sich hielte, so käme ich, etwa gegen die Mittagszeit, zu Waldis Geburtstag.

Ich konnte mich vor Freude kaum fassen.

Dienstagmorgen war das Wetter noch gut, doch nicht so klar wie am Montag.

Ich machte mich schon früh am Morgen auf den Weg, um das Pferd von der Weide zu holen, die auf einem Hügel vor der Stadt lag.

Bevor ich dahin aufbrach, sagte die Mutter:

„Wenn du Grani gefunden hast, so kommst du erst hierher, nicht wahr? Nach Háls kannst du dann um 10 Uhr wegreiten, das ist noch früh genug."

Das versprach ich ihr.

Ich ging nun hinaus und rief den Hund.

Merkwürdigerweise zeigte Fidel heute gar keine Lust, mir zu folgen. Mehrmals mußte ich ihn rufen, bis er mit mir kam.

Darauf ging ich in die Heuscheuer und nahm mein Reitzeug, einen kleinen Sattel und das Geschirr vom Haken.

Den Sattel schnallte ich auf den Rücken, das Geschirr warf ich über die Schulter.

So lief ich mit Fidel durch die Schlucht zum westlichen Bergabhang.

Ich beeilte mich, sosehr ich konnte, aus Furcht, es käme zu guter Letzt noch etwas dazwischen und ich müßte meine Reise aufgeben.

War es nicht schon dunkler geworden am Himmel? Und der Nordwind, blies er nicht schon etwas stärker? – So kam es mir wenigstens vor, als ich bergan ging.

Aber ich täuschte mich wohl, sagte ich mir. Ganz gewiß, es ist eine Täuschung. Denn auf keinen Fall durfte jetzt das Wetter schlecht werden; um keinen Preis.

Als ich eine gute halbe Stunde den Berg hinaufgelaufen war, fand ich Grani.

Er ließ sich gleich fangen. Er kannte mich ja, und wir beide waren gute Freunde. Deshalb machte er gar keine Schwierigkeit, als ich ihm das Geschirr anlegte und den Sattel auf den Rücken band.

Schon war ich im Begriff aufzusteigen und heimzureiten. Da besann ich mich.

Es war sonderbar, wie wenig Lust ich fühlte, heimzureiten. Warum, dachte ich, hat die Mutter denn gesagt, ich solle nach Hause zurückkommen? Ob ihr das wirklich ernst war?

Wäre es nicht viel klüger, ich ritte von hier aus gleich nach Háls? Ich befinde mich ja schon auf dem Weg dahin. Und wozu soll ich denn heim? – Aber doch, die Mutter hat es gesagt.

O nein, das hat sie sicher nicht so gemeint. Man muß doch nicht alles so schrecklich genau nehmen. Das tut kein Junge in meinem Alter. Zehn Jahre bin ich schon; da ist man doch kein Kind mehr.

Ich stand auf und streckte mich wie ein Mann.

Dann warf ich einen Blick über den weiten Fjord.

Wie dunkel war der Himmel dort im Norden gworden! – Und wie der Wind von daher sauste! – Es wurde mir ganz unheimlich.

Sollte etwa ein Schneesturm aufkommen?

Das wäre ja entsetzlich!

Ich stieg aufs Pferd.

Fidel bellte vor Freude und begann gleich in die Richtung zur Stadt hinabzulaufen.

Ich rief ihn zurück.

Er blieb stehen und wandte sich um; aber er schien nicht umkehren zu wollen.

Ratlos saß ich auf dem Pferd und wußte nicht, wozu ich mich entschließen sollte.

Ich schaute nach Südwest. Dort lag Háls, wo die vielen Kinder mich erwarteten.

Dort gab es einen Geburtstag, Schokolade und Kuchen – und Waldi, meinen Freund. Bestimmt hielt er jetzt schon vor dem Hof nach mir Ausschau.

Auf einmal rief Fidel mich durch heftiges Bellen aus meinen Träumereien. Er hatte mir schon wieder den Rücken gedreht, um heimzulaufen.

Sein Bellen klang in meinen Ohren wie eine ernste Mahnung, der Mutter zu gehorchen und nach Hause zu reiten.

Ich warf wieder einen Blick nach Norden. – Da sah es sehr drohend aus.

Es wurde dunkler und dunkler, und der Wind war schon fast zum Sturm geworden.

Einen Augenblick saß ich noch ratlos auf dem Pferde.

Aber dann faßte ich den Entschluß.

Fort nach Háls! Fort! Und gleich, sonst wird aus der Reise nichts.

So endete mein innerer Kampf.

Wiederholt rief ich nach Fidel. Endlich kam er. Als er aber sah, daß es nicht heimging, hörte sein munteres Bellen auf. Er ließ den Schwanz hängen und folgte mir widerwillig.

Ich wandte das Pferd und trieb es voran.

Fidel lief stumm hinterdrein...

Trotz all dem Guten und Schönen, das mir in Háls winkte, fühlte ich mich nicht ganz wohl.

Aber ich hatte mich nun einmal entschieden. In sausendem Galopp ging es voran. Ich mußte zusehen, daß ich mein Ziel erreichte, bevor mich ein Schneesturm überfallen könnte.

Nach etwa einer halben Stunde war Grani in Schweiß gebadet. Die düsteren Wolken hatten sich schon über den ganzen Himmel ausgebreitet. Der Tag war beinahe zur Nacht verwandelt, und je mehr der Sturm an Stärke zunahm, desto mehr sank meine Hoffnung, seinem schrecklichen Überfall zu entgehen.

Wie blind und über den Sattel gebeugt, setzte ich den rasenden Ritt noch eine Zeitlang fort.

Grani schien die Gefahr zu ahnen. Ich brauchte ihn nicht anzutreiben, er lief von selbst, was er konnte.

Fidel folgte pflichtmäßig; die Zunge hing ihm weit aus dem Halse.

Wir waren noch eine Viertelstunde vom Hof Háls entfernt, da wurde plötzlich der Sturm zum rasenden Orkan. Im selben Augenblick begann auch der Schneefall.

Es war kein gewöhnlicher Schneesturm, sondern, wie man in Island sagt, Stórhrid, „der große Schneefall".

In südlichen Ländern kann man sich gar keine Vorstellung davon machen, was das bedeutet. Der Schnee fällt so dicht, daß man keine Flocken mehr unterscheiden kann; man sieht nur noch eine einzige zusammenhängende fallende Masse.

Wehe dem, der zu dieser Zeit draußen im Freien ist!

Alles ringsum ist Schnee, selbst die Luft scheint nicht mehr dazusein, sie ist zu Schnee geworden.

Nach wenigen Sekunden ist auch der Erdboden verschwunden, und man hat unter den Füßen stiebende, man könnte sagen fließende Schneemassen, die mit unglaublicher Schnelligkeit vom rasenden Winde vorangetrieben werden.

Ich und die beiden Tiere wurden im ersten Augenblick ganz geblendet und vom Schnee fast erstickt.

Grani blieb stehen, und ich mußte mir die Hand vors Gesicht halten, um atmen zu können; sonst wären Mund und Nase mit Schnee gefüllt worden.

Als ich versuchte, die Augen zu öffnen, konnte ich den Kopf des Pferdes nicht mehr sehen. Ich sah nichts als Schnee und wieder Schnee.

Auf einmal hörte ich neben mir den kleinen Fidel jämmerlich heulen. Das arme Tier mußte ja gleichsam ertrinken in den gewaltigen Schneemassen, die unaufhörlich vom Sturm über die Erde hingejagt wurden.

Deshalb beugte ich mich, so tief ich konnte, hinab und rief ihn laut beim Namen.

Ich selbst konnte meine eigene Stimme kaum vernehmen, so sauste der Wind. Aber der Hund mußte mich gehört haben; denn bald fühlte ich seine Schnauze und Vorderpfoten an meinem rechten Fuß.

Ich reichte die Hand hinab und faßte seinen wolligen Kopf. So konnte ich ihm helfen, daß er zu mir heraufkam.

Er kletterte an meinem rechten Bein entlang bis herauf aufs Pferd und schmiegte sich an mich.

Nun versuchte auch Grani wieder voranzugehen.

Ich überließ ihn vollständig sich selbst, hoffend, daß er mit seiner gewohnten Sicherheit doch noch den Weg nach Háls finde.

Er setzte auch seinen Gang fort, aber mühsam und bedächtig umhertappend; es war geradeso, wie wenn er durch das tiefe Wasser eines reißenden Flusses watete.

Bei jedem Schritt mußte er fühlen und suchen, wo er auf dem unebenen steinigen Boden unter dem Schnee festen Fuß fassen konnte.

So ging es mit vielen Hindernissen und Schwierigkeiten eine Zeitlang weiter. Bald wandte er sich zur Rechten, bald zur Linken, um an einem im Wege stehenden Lavablock vorbeizukommen oder um verborgenen Löchern auszuweichen, wo sein Fuß keinen festen Grund fand.

Schließlich blieb er stehen; er schien nicht mehr weiter voranzukommen zu können.

Ich ahnte nicht, was ihn zurückhielt.

Nach einer Weile ging er einige Schritte nach links weiter.

Doch bald blieb er wieder stehen. Dann wandte er sich um und versuchte, in der anderen Richtung weiterzukommen, doch ohne Erfolg.

Es war, als wenn eine steile hohe Wand sich gerade vor uns aufrichtete und den einzigen Weg, auf dem wir zu unserem Ziel gelangen konnten, versperrte.

Grani blieb stehen und wollte keinen Schritt mehr machen.

Was mochte da im Wege sein?

Verwirrt, wie ich war, suchte ich ungeduldig das Tier voranzutreiben. Umsonst. Es stand wie festgenagelt.

Da ich aber daranblieb, es mit den Absätzen in die Seite zu stoßen, gab es endlich nach, machte einige Schritte vorwärts und – sank mit uns durch den neugefallenen Schnee sanft und ruhig in einen Abgrund...

Ich stieß einen gellenden Schrei aus.

Er verlor sich und verklang in dem brausenden Orkan und verstummte dann ganz in den tiefen Schneemassen, die uns nun wie ein Grab einschlossen...

Wir sanken immer tiefer, bis wir endlich festen Boden erreichten.

Vor Schrecken gelähmt, saß ich auf dem Rücken des Pferdes, hielt krampfhaft Fidel in meinen Armen.

Doch bald holte mich Grani aus meiner Erstarrung.

Ich konnte zwar nicht das Geringste sehen, denn wir waren hier gänzlich in Finsternis gehüllt. Aber ich merkte, daß das Tier gewaltsam den Kopf nach allen Seiten bewegte, um den Schnee von sich wegzudrücken und sich so Raum zu schaffen, um wenigstens atmen zu können.

Das war notwendig; denn die Last des Schnees zwängte uns so ein, daß wir uns kaum mehr regen konnten.

Auch ich begann jetzt unwillkürlich, die Bewegungen des Pferdes nachzuahmen. Mit Händen und Armen schob ich den Schnee von Kopf und Brust und suchte mir Luft zu machen.

Das glückte mir verhältnismäßig leicht, und bald hatte ich eine Art Schneegewölbe um uns zustande gebracht, so daß wir uns schließlich in einer sonderbaren Schneehöhle befanden.

Kurz darauf fing Grani an, sich im Kreise zu drehen, und drückte mit dem schweren Gewicht seines Körpers die Schneemassen auseinander. So wurde unsere kleine Höhle noch erweitert.

Endlich war so viel Platz vorhanden, daß ich absteigen konnte.

Fidel ließ ich auf dem breiten Rücken Granis sitzen, denn ich fürchtete, er könnte vom Pferd getreten werden.

Der arme kleine Hund! Als ob er meine Gedanken erriete, hielt er sich ganz ruhig und still da oben. Auch Grani schien nichts dagegen zu haben.

Jetzt machte ich mich daran, unseren seltsamen Aufenthaltsort dadurch zu erweitern, daß ich unten den Schnee nach allen Seiten schob.

Nach kurzer Zeit war die Schneehöhle so geräumig, daß ich ein paar Schritte nach jeder Richtung gehen konnte.

Aber bald wurde eine andere Mißlichkeit fühlbar. Es war nicht nur stockfinster in der Höhle, sondern auch kalt und feucht.

Mich fror, denn besonders warme Kleider hatte ich nicht angezogen.

Nur mit Anstrengung konnten wir atmen. Aber glücklicherweise dringt noch immer Luft genug durch die Schneedecke, so daß keine ernste Gefahr vorhanden war, unter dem Schnee zu ersticken.

Grani stand unbeweglich still, nur ab und zu pustete er sonderbar, während sein ganzer Leib in krampfartigen Zuckungen zitterte.

Fidel saß noch immer ruhig auf Granis Rücken; von Zeit zu Zeit hörte man ein leises Wimmern von ihm.

Ich stand zur Seite des Pferdes und fragte mich, wie das alles wohl enden würde.

Allmählich fühlte ich mich schläfrig und setzte mich nieder, mit dem Rücken gegen die Schneewand.

Die Schläfrigkeit nahm immer mehr zu. Ich schloß die Augen und fing an zu schlummern; ich schlief ein und wachte wieder auf, schlief wieder ein und wachte wieder auf. Das wiederholte sich einige Male. Aber sooft ich erwachte, zitterte ich immer mehr vor Kälte.

Endlich fiel ich in tiefen Schlaf...

Wie lange ich schlief, weiß ich nicht. Aber auf einmal schreckte ich hoch: auf meine Beine war etwas gewaltig Schweres gefallen.

Ich schrie vor Schmerz laut auf.

Mit beiden Händen tastete ich umher und merkte bald, was vorgefallen war: Grani, müde vom Stehen, hatte sich niedergelegt, aber so, daß meine Beine unter ihm lagen.

Ich wollte sie hervorziehen – aber es war unmöglich. Das Tier lag wie ein Bleigewicht darauf.

Ich fing an, mit beiden Händen auf seinen Rücken einzuschlagen, und schlug, so stark ich konnte, um es aufzutreiben.

Doch Grani blieb ruhig liegen.

Er verstand meine schwachen Schläge offenbar falsch und hielt sie für freundschaftliche Liebkosungen.

Schließlich aber brachte ich ihn doch dazu, daß er aufstand.

Dank der weichen Unterlage hatte ich keinen Schaden gelitten; meine Beine waren bloß in den Schnee gedrückt worden. So konnte ich mich, wenn auch mit Mühe, wieder erheben.

Ich überlegte nun, was wohl in dieser schrecklichen Lage aus uns werden sollte.

Und auf einmal überfiel mich Unruhe und Angst.

Wie tief, dachte ich, mögen wir uns unter dem Schnee befinden? Ob der Sturm oben noch so rast? Oder hat er aufgehört? – Ob man wohl nach uns sucht?

Aber wenn man uns nicht findet – was dann?

Das alles schwirrte mir in der stockfinsteren Höhle gleich schrecklichen Gespenstern durch den Kopf.

Und die Antwort auf all die Fragen? Bald glaubte ich nicht mehr anders, als daß wir hier unten – den Tod finden würden.

Dieser Gedanke erfüllte mich mit Entsetzen.

Ich war noch so jung, so kräftig und gesund, noch voll Lebenslust und Lebensfreude und sollte jetzt schon sterben!...

Nein, das Schreckliche durfte nicht geschehen. Ich mußte hier heraus, es koste, was es wolle.

Aber wie?

Da kam mir ein Einfall. Vielleicht würde es mir glücken, mit meinen Händen mich selbst aus dem Schnee zu graben.

Schon oft hatte ich erzählen hören, daß Leute, die geradeso wie ich unter dem Schnee lagen, sich selbst herausgearbeitet haben.

Ja, das wollte ich tun; wenigstens wollte ich es versuchen. Sofort ging ich daran, meinen Entschluß auszuführen. Ich versuchte, auf den Rücken des Pferdes zu klettern. Infolge meiner Steifheit und zunehmenden Schwäche ging es aber nur langsam. Endlich glückte es mir doch.

Auf den Knien begann ich den Schnee über meinem Kopf wegzukratzen. Das ging ziemlich leicht. Dann stellte ich mich aufrecht.

Bald konnte ich vor Kälte kaum noch meine Hände fühlen. Doch ich achtete nicht darauf.

Zuletzt aber reichte ich nicht mehr höher hinauf. Es kam noch immer Schnee und gab keine Anzeichen, daß ich nahe an der Oberfläche war.

Was jetzt?

Es fiel mir ein, daß ich die Reitpeitsche bei mir hatte. Die mußte irgendwo unten liegen.

Ich sprang vom Pferde, suchte und fand sie und kletterte wieder hinauf. Dann steckte ich den Schaft der Peitsche so hoch in den Schnee, wie ich konnte.

Aber es reichte nicht, ich kam nicht bis an die Oberfläche. Jetzt ließ ich die Arme sinken. Der letzte Funke von Hoffnung entschwand. Ich fühlte mich völlig machtlos, rettungslos verloren.

Langsam ließ ich mich wieder vom Pferde hinabgleiten auf die losen Schneehaufen, die ich aus dem Gewölbe gekratzt hatte.

Ein Gefühl dumpfer Verzweiflung bemächtigte sich meiner, und es schien mir nichts anderes übrigzubleiben, als mich hinzulegen – und zu sterben.

Während ich so, an mein Pferd gelehnt, vor mich hinbrütete, kam der treue Hund heran und leckte mir die Hand.

Ich setzte mich in den Schnee, nahm ihn und drückte ihn fest an mich. Das gab mir einige Wärme und tröstete mich zugleich in meiner gänzlichen Verlassenheit...

Plötzlich kam mir ein neuer Gedanke.

Wäre es nicht möglich, sagte ich mir, einen schmalen, schräg ansteigenden Gang zu graben und so aus der Höhle zu kommen?

Wirklich, dieser Plan schien mir der beste zu sein. Ich stand auf und machte mich augenblicklich an die Arbeit.

Anfangs ging es gut vonstatten. Den losen Schnee, den ich ungefähr bis Scheitelhöhe fortkratzte, ließ ich fallen und stampfte ihn mit den Füßen so fest, daß er eine harte Grundlage bildete, auf die ich treten konnte.

Schon bald hatte ich bereits ein etwa zwei Meter langes Stück gegraben.

Das war eine schöne Leistung und gab mir neue Hoffnung. Ich grub und kratzte unverdrossen weiter. Der Gang wurde länger und länger. Aber ich selbst wurde immer schwächer. Mich fror entsetzlich, besonders an den Händen.

Ich mußte mich schon mit Gewalt zwingen weiterzuarbeiten. Allein, es dauerte nicht lange, bis ich vollständig ermattet und nahe daran war, in Ohnmacht zu fallen.

Deshalb schleppte ich mich in die Höhle zurück, wo es nicht so kalt war wie oben in dem Gang, denn das Pferd sorgte für Wärme.

Verzweifelt ließ ich mich nieder. Ich war vollkommen erschlafft und fühlte einen unwiderstehlichen Drang zum Schlafen.

Trotz meines Elendes hatte ich noch so viel Geistesgegenwart, daß ich mich, so gut es eben ging, auf zweckmäßige Weise einrichtete.

Zunächst wollte ich Grani dazu bringen, sich niederzulegen, und stieß ihn einige Male in die Kniekehle.

Ich tat dies, um nicht wieder Gefahr zu laufen, daß er sich, während ich schlief, auf mich und den Hund fallen ließ.

Glücklicherweise währte es nicht lange, bis er mich verstand.

Er bog die Knie und legte sich in den Schnee.

Als das Pferd sich bequem zurechtgelegt hatte, rief ich Fidel zu mir.

Nun wollte ich mich zusammen mit meinem treuen Hund hinlegen, um mich dem Schlaf – wohl dem letzten meines Lebens! – zu überlassen.

Jeden Abend bevor ich einschlief, betete ich ein kurzes Abendgebet, das mich meine Mutter gelehrt hatte.

Dieses Gedicht sprach ich auch jetzt vor mich hin.

In meiner isländischen Muttersprache lautet es:

> Jesús er mér i minni,
> Mig á hans vald eg gef,
> Hvurt eg er úti eda inni,
> Eins bá eg vaki og sef.
> Hann er min hjálp og hreysti,
> Hann er mitt rétta lif,
> Honum af hjarta eg treysti,
> Hann mýkir daudans kif.

Das heißt auf deutsch:

> Jesus, jetzt denke ich an dich,
> Ich gebe mich in deine Hut,
> Ob ich bin draußen oder drinnen,
> Ob ich wache oder schlafe,
> Du bist mein Helfer und Beschützer,
> Du bist mein wahres Leben.
> Auf dich vertraue ich von ganzem Herzen,
> Du milderst die Todesnot.

Ich habe diesen Spruch gewiß nie so andächtig gebetet wie damals.

Als ich fertig war, fügte ich noch ein Vaterunser hinzu und bat Gott von ganzem Herzen um Verzeihung für den Ungehorsam gegen meine Mutter, der ja schuld an meinem Unglück war.

Ich bat ihn auch, er möge mir alle meine übrigen Fehler und Sünden verzeihen und mich gnädig aufnehmen, wenn ich jetzt sterben und vor seinem Richterstuhl erscheinen müßte.

Nach dem Gebet fühlte ich mich wie umgewandelt. Alle Unruhe, Furcht und Angst waren verschwunden.

Ich hatte das sichere Gefühl, daß Gott mir jetzt nahe sei.

Ich legte mich nun so nieder, daß ich auf Granis warmem Körper ruhte.

Fidel schlüpfte ganz nahe zu mir heran. Auf diese Weise verschafften wir uns die größtmögliche Wärme.

Eine Zeitlang lag ich mit offenen Augen da und dachte noch an das Gebet, das ich soeben gesprochen hatte.

So lagen wir friedlich in unserem kalten Grabe, Grani, Fidel und ich – eine sonderbare Gruppe...

Unser tiefer Schlaf wäre zweifellos, wenigstens für mich, bald in den noch tieferen Todesschlaf übergegangen, wäre nicht ganz unerwartet Hilfe gekommen.

Nachdem ich einige Zeit geschlafen hatte – fühlte ich plötzlich einen harten Stoß an meinem Kopf und hörte Fidel laut bellen.

Mit Mühe öffnete ich die Augen und suchte trotz meiner Steifheit umherzutasten, um zu erforschen, was mich gestoßen hatte.

Doch ich entdeckte nichts.

Grani zitterte am ganzen Leibe, stand aber nicht auf.

Fidel bellte, als kämpfe er gegen einen unsichtbaren Feind, der in unsere Höhle eingedrungen war.

Ich konnte gar nicht begreifen, was es war, und es wurde mir ganz unheimlich zumute.

In meiner Angst schob ich mich bis an den Kopf des Pferdes, gleichsam um dort Schutz zu suchen.

Auf einmal wurde ich wieder von dem unsichtbaren Gespenst getroffen, diesmal an der Schulter.

Mir trat der kalte Schweiß auf die Stirn.

Da streckte ich unwillkürlich beide Hände gegen den verborgenen Angreifer aus, um ihn abzuwehren, und stieß auf etwas Hartes.

Ohne zu wissen, was ich tat, faßte ich das seltsame Wesen und – hielt in der Hand ein hölzerne Stange, die sich auf und ab bewegte!

Im selben Augenblick erwachte ich wie aus einem Traum.

Alle Furcht war verschwunden, denn jetzt kannte ich das Gespenst genau.

Ich hielt die Stange mit beiden Händen fest.

Doch sie wurde kräftig hinaufgezogen. Ich wollte sie nicht loslassen, sondern ließ mich ein Stück weit in die Höhe heben.

Dadurch riß ich mir die eine Handfläche blutig an einem Draht, der unten an der Stange befestigt war.

Noch heute, nach mehr als vierzig Jahren, trage ich an der inneren Fläche der linken Hand die Narben dieser Verwundung.

Die Stange verschwand im Gewölbe unserer Schneehöhle.

Ich hatte jetzt volle Klarheit über alles, was vorgegangen war.

Um aber auch den Leser rascher aufzuklären, wollen wir für einige Augenblicke die finstere Höhle verlassen und uns nach dem Hofe Háls begeben.

Dort hatte mein Freund Waldi mit Ungeduld gewartet, daß ich zur Feier seines Geburtstages käme. Als dann das Unwetter ausbrach, war er untröstlich.

Er behauptete jedoch steif und fest, daß ich gewiß losgeritten wäre und nun auf dem Wege unter dem Schnee begraben läge.

Die Leute auf Háls fanden das unwahrscheinlich; sie waren vielmehr überzeugt, daß die Eltern mir sicher keine Erlaubnis zur Reise gegeben hätten.

Aber Waldi ließ es sich nicht ausreden. Er weinte und bat seinen Vater inständig, er möge doch Leute ausschicken, daß sie mich suchten.

Da der gewaltige Schneesturm bald vorüber und wieder schönes Wetter war, gab der Vater nach und erlaubte Waldi, mit den Männern nach mir zu suchen.

Unter den Hunden, die man mitnahm, war auch Baldur, ein kleiner Schäferhund, der mich gut kannte.

Die Männer auf ihren Skiern hatten Schaufeln mitgenommen und lange hölzerne Stangen, um damit nach den etwa Verunglückten zu bohren.

Sie verfolgten den Weg, den Reisende von Akureyri her gewöhnlich kamen.

Der kluge Baldur schien erraten zu haben, warum man suchte.

Er schnüffelte überall herum und steckte die Schnauze, ja den ganzen Kopf in den Schnee, bald hier, bald da, um zu spüren, ob jemand unten läge.

Als er endlich zur verhängnisvollen Kluft kam, in der ich schlafend vor Kälte fast erstarrt zwischen den zwei Tieren lag, blieb er genau oberhalb der Höhle stehen, steckte den Kopf in den Schnee, bellte und heulte wie außer sich, schnüffelte wieder, bellte laut von neuem und fing an, hastig in dem weichen Schnee zu scharren und zu graben.

Mein Freund Waldi, der dem Hund überall nachlief, war der erste, der sein auffälliges Benehmen bemerkte.

Er rief die Leute herbei.

Als diese sahen, daß der Hund wie rasend stets auf derselben Stelle arbeitete ähnlich einem Rattenhund, der seine Beute spürt, wurde es allen klar, daß er etwas witterte.

Sie eilten hinzu, und schnell wurde die Stange durch den tiefen Schnee gestoßen.

Der Mann, der sie führte, merkte bald, daß man nicht fehlgegangen. Da unten war etwas Lebendiges.

Er hatte nämlich den kleinen Fidel getroffen, und das war auch der Grund, weshalb dieser, wie schon erzählt, so wütend bellte.

Als dann die Stange zu mir kam und ich sie faßte, hörte man oben mit dem Bohren auf und begann sogleich mit dem Ausgraben. Dies alles wurde mir später von meinem Freund Waldi erzählt.

Ich hatte also die Stange losgelassen, und sie wurde hinaufgezogen.

Darauf setzte ich mich nieder und wartete ruhig, was kommen würde.

Es dauerte geraume Zeit.

Plötzlich stürzte das Schneegewölbe über unseren Köpfen zusammen, und die losen Schneemassen bedeckten uns.

Aber schon wurde ich auch von starken Händen gefaßt und ans Licht gezogen.

Ich stand vor den Leuten von Háls!

Zu meiner großen Freude sah ich unter ihnen meine zwei Freunde und Retter, Waldi und den treuen Baldur.

Mein erstes nun war, daß ich Waldi ein schönes Fest wünschte und dem vierbeinigen Freund einige freundliche Klapse gab.

Dann wurde ich unverzüglich in eine wollene Decke gewickelt und auf ein Paar zusammengebundene Ski gelegt.

Bevor sie mich fortzogen, warf ich noch einen wehmütigen Blick zur Vertiefung, wo der gute Grani im kalten Schnee lag.

Ich fragte den Mann, der mir zunächst stand, ob man das arme Tier nicht gleich mit uns zum Hof führen könne.

„Nein", erwiderte er, „es wird noch einige Zeit brauchen, das schwere Pferd frei zu machen."

Als er dann meine Traurigkeit sah, fügte er tröstend hinzu: „Aber sei nur ganz ruhig, wir werden schon gut für dein Pferd sorgen."

Waldi, der vor lauter Freude über meine Rettung die Augen voll Tränen hatte, setzte sich hinter mich auf die Skier und hielt mich fest.

Baldur, das anhängliche Tier, sprang fortwährend auf mich zu und leckte mich und kratze freudig mit seinen Vorderpfoten an meinen Kleidern.

Fidel, der ohne Beihilfe zugleich mit mir aus dem Schnee geschlüpft war, wich keinen Schritt von meiner Seite.

Nun setzte sich der Zug in Bewegung.

Ein starker Mann zog uns eilig nach Háls hin.

Unterwegs redete Waldi in einem fort. Er tröstete mich und fragte nach so vielen Dingen, daß es mir gar nicht möglich war, ihm auf alles eine Antwort zu geben. Ich fühlte mich so müde, so müde.

Es war schon spät am Nachmittag.

Als wir auf dem Hof ankamen, hatte sich mein Zustand merklich verändert.

170

Ich war so schwach, daß ich nicht mehr aufrecht stehen konnte; der Mann, der uns heimgezogen hatte, mußte mich in die Wohnstube tragen.

Dort wurde ich sogleich in die Behandlung von Waldis Vater, dem Herrn des Hofes, genommen. Er verstand sich etwas auf die Arzneikunst.

Ein paar Mägde waren ihm behilflich.

Meine Kleider waren durch und durch naß. Ich wurde ausgezogen, abgetrocknet, massiert, in warme wollene Decken gehüllt und auf Waldis Bett gelegt.

Dann brachte man mir einen stärkenden Trank: heißen Rum mit einigen Tropfen aus der Hausapotheke.

Es war ein großes Glas voll, und ich mußte es ganz austrinken.

Wie das in meinem Innern brannte! Es war mir, als hätte ich Feuer geschluckt. Das Blut stieg mir in den Kopf, und es sauste mir in den Ohren.

Dann wurde mir ein großes Daunenkissen aufgelegt.

Bevor ich einschlief, bat ich den Hausherrn, er möge auch Fidel, der neben meinem Bett lag, etwas Warmes geben, und auch Grani möge man doch ja nicht vergessen.

Er versprach mir, für die beiden Tiere gut zu sorgen.

Bald darauf fiel ich in einen wohltuenden tiefen Schlaf. – Als ich am nächsten Morgen erwachte, erzählte man mir:

Während ich schlief, sei von Akureyri ein Mann gekommen und habe sich nach mir erkundigt. Meine Eltern seien in größter Sorge um mich gewesen und hätten ihn sofort nach dem Sturm hergeschickt. Er sei selbst an meinem Bett gewesen, habe mich angesehen und sei dann am Abend noch nach Hause zurückgekehrt. –

Ich stand nun auf und fühlte mich sehr wohl: ich war vollständig wiederhergestellt.

Meinen zwei Leidensgefährten, Grani und Fidel, fehlte nicht das Geringste; sie waren so frisch und munter, als wenn nichts gewesen wäre.

Waldis Geburtstag wurde nachträglich mit Schokolade und Kuchen gefeiert.

Am folgenden Tag kehrte ich, begleitet von einem Mann des Hofes, auf den Skiern wieder heim zu meinen Eltern.

172

Abenteuer auf dem Meer

Als ich noch auf meiner Heimatinsel Island lebte, habe ich es immer als ein großes Glück betrachtet, ganz dicht am Ufer des Atlantischen Ozeans zu wohnen.

Mein elterliches Haus in Akureyri war nur wenige Meter vom Meeresstrand entfernt.

Das Meer war mir nach und nach ein lieber Freund geworden, denn immer wieder verschaffte es mir neue Abwechslung.

Einmal aber, ich war ungefähr zwölf Jahre alt, erlebte ich eine seltene Überraschung, die ich hier erzählen will.

Es war an einem Abend gegen Ende des Sommers. Ich saß zu Hause in meinem Zimmerchen und las eifrig in der arabischen Märchensammlung „Tausend und eine Nacht".

Gerade war ich mit der Geschichte „Aladin und die Wunder-lampe" fertig und wollte nun die folgende Erzählung „Ali Baba und die vierzig Räuber" anfangen.

Da hörte ich von draußen her aufgeregte Kinderstimmen. Es waren meine Freunde, die unten am Ufer des gewaltigen Golfs Eyjafjördur spielten.

Ich sprang auf und schaute durch das Fenster zum Meer hin. Ich war gespannt, was da unten wohl geschehen sei.

Draußen war es schon so dämmrig geworden, daß ich die spie-lenden Kinder nicht mehr genau erkennen konnte. Aber als ich

173

auf das Meer schaute, stieß auch ich einen Überraschungsruf aus.

Auf dem Meer sah ich eine Menge flackernder blitzheller Flämmchen, die wie aus dem Wasser emporschossen und dann ebenso schnell wieder verschwanden.

Ein solches Wunder hatte ich noch nie gesehen und konnte mir gar nicht denken, was das sei.

Sofort ließ ich die Geschichte von Ali Baba auf dem Tisch liegen, löschte mein Lämpchen aus und sauste wie der Wind aus dem Haus zum Meeresufer hinab.

Bald entdeckte ich Elis, meinen dreizehnjährigen Freund.

Ich faßte ihn am Arm.

„Elis, was sind das für Flammen draußen auf dem Meer?"

„Weißt du das nicht, Nonni", erwiderte er. „Komm mit, ich will es dir zeigen."

Er zog mich dicht ans Ufer heran und sagte:

„Jetzt bleib hier stehen, bis ich wiederkomme. Da wirst du was erleben!"

Dann lief er, zu meinem Erstaunen, geradewegs ins Meer hinein.

In die Richtung aber, in die er gelaufen war, sah ich bald ein Flämmchen nach dem anderen aus dem Meer emporlodern. Es war, als ob die kleinen, geheimnisvollen Flammen hintereinander herliefen, zuerst vom Ufer weg, dann in einem Bogen wieder dem Ufer zu. Schließlich kamen sie ganz dicht an den Strand.

Nun war aber auch mein Freund Elis wieder da.

Das alles war mir unbegreiflich.

„Weißt du jetzt, was es ist, Nonni?" fragte er.

„Nein, Elis, ich kann es mir nicht denken."

„Gut, dann will ich es dir zeigen", sagte er und versuchte mich mit ins Meer hinauszuziehen.

Ich sträubte mich und schrie: „Was machst du, Elis! Willst du mich ins Wasser bringen?"

„Aber Nonni, es ist doch jetzt Ebbe. Komm nur mit!"

Nun erst wurde mir klar, daß wir Ebbe hatten und daß das Wasser zum Atlantischen Ozean hinausgetrieben war. So ließ ich mich von meinem Freund auf dem seichten Meeresboden ins Wasser führen. Als wir uns einige Schritte vom Ufer entfernt hatten, blieb Elis stehen und befahl: „Jetzt stoß einmal kräftig mit dem Fuß gegen den Boden."

Ich tat es. Im Nu schoß eine helle Flamme aus dem sandigen Boden heraus und verschwand sofort wieder.

Voller Verwunderung rief ich:

„Aber was ist denn das?"

„Es ist das Meeresleuchten, Nonni."

„Wo kommt es her?"

„Man sagt, es sei so etwas wie Phosphor, den das Meer zuweilen mit sich bringt und dann auf dem Boden zurückläßt."

„Und wo kommt dieser Phosphor her?"

„Er soll, so sagen die Leute, von kleinen leuchtenden Tieren kommen, die noch viel kleiner sind als die Glühwürmchen. Wenn man sie in Ruhe läßt, dann leuchten sie nicht, wenn man sie aber berührt, dann sprühen sie sofort kleine Flämmchen um sich herum."

Ich beugte mich nieder und berührte den Meeresboden mit meiner Hand. Sofort kam das geheimnisvolle Licht zum Vorschein. Doch es war keine Wärme zu spüren. Es leuchtete nur, war hell, aber kalt.

Als ich mit der Hand auf dem Boden entlangfuhr, entstand eine helle, leuchtende Linie.

Überall um uns herum sahen wir die leuchtenden Flammen – es waren die Fußspuren der Kinder auf dem Meeresboden.

„Kommt nur mit, kommt nur mit!" hörte ich auf einmal eine mir bekannte Stimme.

Es war Arni, einer der Ältesten von uns. Wir liefen sofort zu ihm und fragten, was er vorhätte.

„Ich will mit meinem Kahn eine kleine Ruderfahrt machen. Habt ihr Lust dazu?"

„Da mache ich mit, Arni", rief ich.

„Ich auch, ich auch", schrien die anderen.

„Gut, wieviel sind wir?" fragte Arni.

Wir drängten uns alle um ihn und er zählte uns. Wir waren zwölf Kinder.

„Das geht gut, so viele kann mein Kahn tragen. Also kommt nur gleich alle mit!"

Wir folgten Arni. Unterwegs kündigte er uns an:
„Gleich werden wir etwas Herrliches erleben! Durch unseren
Kahn kommt das Wasser in Bewegung, und dann wird das
Meer voller Feuer sein!"
Elis blieb plötzlich stehen.
„Arni", sagte er, „ist es nicht etwas gefährlich, jetzt im Dun-
keln aufs Meer hinauszufahren? Wenn wir nun den Rückweg
nicht mehr finden?"
Arni warf einen Blick zu den Häuserreihen am Ufer und
sagte:
„Schau, Elis, es brennt in den vielen Häusern am Ufer Licht.
Das wird uns wieder die Richtung nach Hause zeigen."
„Nur weiter", riefen die anderen. „Sei nicht so ängstlich, Elis.
Ein echter Seemann darf keine Angst haben!"
Wir setzten unseren Weg fort, und bald erreichten wir das Haus,
in dem Arni wohnte. Es war eins der letzten Häuser der Stadt
nach Norden zu. Es stand dicht am Meer, und hier war immer
Wasser.
Hier draußen war die große Reede. Dort lagen auf dem Wasser
die vielen fremden Schiffe vor Anker.
Wir machten halt. Arni ging in einen kleinen Schuppen hinein,
um vier Ruder zu holen.
Wir anderen gingen inzwischen ans Ufer und tauchten die
Hände ins Wasser. Sofort leuchteten auch hier die hellen Lichter auf. Das Meer schien um unsere Hände herum zu brennen
und zu flammen. Es war, als ob es durch einen Zauberschlag
in flüssiges Feuer verwandelt wäre.
„Das wird noch viel schöner werden, wenn wir auf dem Meer
sind", rief Arni, der mit den Rudern hinzugekommen war.
„Kommt schnell, das Boot ist hier in der Nähe."
Er führte uns an die Stelle, wo das Boot mit einer Eisenkette
an einem Pfahl angebunden war.
Vorsichtig stiegen wir in das Boot, während Arni es festhielt,
und verteilten uns in dem geräumigen Kahn auf den Sitzen und
Ruderbänken.
„Sind alle da?" rief er und zählte die ganze Besatzung.
Dann löste er die Kette und stieß mit einem Bootshaken den
schwerbeladenen Kahn vom Ufer ab.

Bald war das Ufer unseren Blicken entschwunden, und lautlos glitten wir in der Dämmerung auf das tiefe Meer hinaus.

„Die Ruder ins Wasser!" kommandierte Arni, der hinten im Boot am Steuer saß.

Die Ruderer holten aus, tauchten die vier Ruder gleichzeitig ins Wasser, zogen kräftig an, und immer rascher glitt das Boot über die spiegelglatte Meeresoberfläche dahin.

Voller Staunen und Bewunderung schauten wir auf das Meer. Denn je rascher wir uns vorwärtsbewegten, desto heller flammte und leuchtete das Meer um uns herum. Überall war ein Glühen und Glitzern, ein Funkeln und Flimmern, als ob wir uns auf einem Feuermeer befänden. Und hinter dem Kahn war das Kielwasser wie eine siedende, helleuchtende Zauberstraße anzuschauen.

Es war ein herrliches Schauspiel, das wir mit weit aufgerissenen Augen eine Zeitlang schweigend betrachteten.

„Nicht so schnell rudern!" rief Arni bald den Ruderern zu. „Wir könnten sonst in der Dunkelheit unversehens an ein Schiff anstoßen."

Wirklich, bald mußten wir unter den vielen dänischen, norwegischen, englischen und französischen Schiffen sein, die auf der weitausgedehnten Reede vor Anker lagen.

„Wer will sich vorne im Boot aufstellen", rief Arni, „und aufpassen, daß wir mit niemandem zusammenstoßen?"

„Ich, ich", riefen viele.

Doch bevor Arni einen bestimmen konnte, war ich schon von meinem Sitz aufgesprungen und nach vorn geeilt. Ich stellte mich im Vordersteven auf und rief zu Arni:

„Ich bin schon da!"

„Gut, Nonni, dann sollst du da bleiben", rief Arni zurück.

Elis kam mir nach und nahm neben mir Platz.

„Nimm den Bootshaken", rief mir Arni zu, „und halt ihn nach vorn gerichtet, um den Stoß abzufangen, wenn wir plötzlich einem der großen Schiffe zu nahe kommen sollten."

Man reichte mir die lange Stange, und ich hielt sie so, daß die eiserne Spitze nach vorn hinaus gerichtet war.

„Nimm dich in acht, Nonni, daß du nicht über Bord fällst", warnte mich Elis ganz leise.

Ich versuchte eine sichere Stellung einzunehmen, indem ich mich mit gespreizten Beinen hinstellte und die Knie gegen den Vordersitz des Bootes stemmte.

Doch Elis schien noch immer für mich zu fürchten.

„Nonni", warnte er noch einmal, „ du solltest dich lieber hinsetzen. Ich fürchte, du könntest über Bord fallen, wenn wir gegen ein Schiff stoßen sollten."

„Es besteht keine Gefahr, Elis", sagte ich. „Wir sind noch nicht in der Nähe der Schiffe."

Unterdessen betrachteten wir immer wieder die wundervolle silberne Straße, die sich hinter unserem Boot bildete. Es war herrlich, bei dem warmen Spätsommerwetter auf einer Straße von Licht und Feuerglut dahinzugleiten.

Wir wurden immer lustiger und sprachen immer lauter, einige begannen zu singen.

Auf einmal rief Arni:

„Still, alle zusammen!"

Sofort schwiegen alle. Arni war ja unser Kapitän und der Besitzer des Bootes. Ihm mußte man gehorchen.

„Willst du eine Rede halten?" fragte einer belustigt.

„Das gerade nicht", erwiderte Arni, „aber da ich nicht recht weiß, wo wir sind, wollte ich einen Vorschlag machen."

„Wir sind ganz Ohr!" rief einer.

„Wer von euch hat die stärkste Stimme?" fragte Arni.

„Das ist natürlich Waldemar", riefen wir alle im Chor.

„Ah, richtig, Waldemar ist ja dabei", gab Arni zurück.

Waldemar war ein zwölfjähriger Junge, der weit und breit bekannt war wegen seiner herrlichen und außerordentlich kräftigen Stimme.

„Soll Waldemar ein Lied singen?" fragte einer scherzend.

„Das nicht", erwiderte Arni, „aber ich schlage vor, daß Waldemar nach allen vier Himmelsrichtungen ein kräftiges ‚Hallo' rufen soll, damit wir erfahren, ob ein Schiff in der Nähe ist. Wenn die fremden Seeleute auf den Schiffen so einen Ruf hören, dann werden sie antworten."

„Ja natürlich, wenn sie Waldemars Stimme hören, dann werden sie mit Begeisterung antworten", sagte ein Witzbold.

Wir alle lachten.

Nun wurde Waldemar gebeten, nach allen Seiten hin „Hallo" zu rufen.

Er kam sofort der Aufforderung nach und rief viermal ein gewaltiges, durchdringendes „Hallo".

Schweigend horchten wir eine kleine Weile.

Es kam keine Antwort.

„Noch einmal!" bat Arni.

Und wieder erscholl der starke und durchdringende Ruf Waldemars.

Da ertönte von links her, aus geringer Entfernung, die kurze Frage: „Hvem er der? – Wer da?"

„Da haben wir also einen Dänen links", sagte Arni.

„Wahrscheinlich ist es die ‚Hertha'", bemerkte einer. „Die ‚Hertha' ist ein schönes großes Schiff aus Kopenhagen."

„Dann rudern wir noch eine Weile geradeaus, da haben wir freie Bahn", bestimmte Arni.

So glitten wir noch eine Zeitlang über das stille, dunkle Wasser dahin, das aber bei der Berührung mit unserem Boot sich sofort in schimmerndes Silber verwandelte.

Nach einer Weile schlug Arni vor, daß Waldemar die Rufe wiederholen sollte.

„Dann müßten wir aber etwas auf englisch oder französich ausrufen", bemerkte einer, „denn hier in der Nähe werden wohl die englischen und französischen Schiffe liegen."

„Wer weiß, wie man auf französisch ‚guten Abend' sagt?" fragte Arni.

„Das weiß ich", antwortete einer. „Es heißt ‚bon soir'."

„Ja, das ist richtig", bestätigten andere. „So sagen immer die französischen Schiffsjungen, die mit uns am Ufer spielen, wenn sie am Abend von uns Abschied nehmen."

„Gut, sagte Arni. „Dann können wir mal einen Versuch machen. Waldemar, kannst du ‚bon soir' rufen?"

„Ich will es versuchen", gab Waldemar zurück.

„Aber schön durch die Nase, wie es die französischen Jungen tun", bemerkte einer.

Waldemar ließ sich nicht stören, sondern rief langsam und feierlich mit seiner starken Stimme nach allen Richtungen hin: „Hallo! Bon soir! Bon soir! Bon soir!"

Schweigend horchten wir eine Weile, ob wir nicht eine französische Antwort bekämen. Aber es kam keine.

„Ruf noch einmal!" bat Arni.

Waldemar tat es, und noch einmal drang seine kräftige Stimme durch die dunkle Nacht.

Zu unserer Freude kam jetzt die Antwort aus einiger Entfernung gerade vor uns: „Holá – bon soir!" Und dann folgten noch ein paar Worte, die wir nicht verstanden.

„Das sind die Franzosen", sagte Arni. Doch es wird am besten sein, uns nicht weiter mit ihnen einzulassen. Keiner von uns kann ja Französisch."

Alle waren einverstanden.

„Aber hier müssen auch Engländer sein", meinte Harald, der gut Englisch sprechen konnte. „Wollen wir die nicht auch anrufen?"

„Gut", antwortete Arni, „aber dann mußt du Waldemar sagen, was er rufen soll."

Harald setzte sich neben Waldemar, um ihm die fremden Worte vorzusagen.

„Ruf mal ‚good evening!'" sagte er. „Das bedeutet ‚guten Abend'!"

Waldemar rief einigemal aus voller Kehle: „Good evening!"

Nach wenigen Augenblicken kam die Antwort, aber diesmal aus nächster Nähe.

„Good evening! What is the matter?"

„Er fragt, was los sei", übersetzte Waldemar.

„Sag ihm, wir wünschen ihm eine gute Nacht!" sagte Arni.

Harald sagte Waldemar vor: „We wish you a good night!"

Die fremden Worte sprach Harald ein paarmal zur Probe leise vor sich hin, dann rief er sie laut in die Nacht.

Sofort kam die Frage an uns zurück: „Who are you?"

„Er fragte, wer wir sind", erklärte Harald.

„Sag ihm, wir sind isländische Jungen", riet Arni. „sag es selber, wir sind ja nicht weit von ihm entfernt."

„We are icelandic boys", rief Harald.

„What are you doing there?" fragte der Engländer.

„Er fragt, was wir hier täten", erklärte uns Harald.

„Sag ihm, wir seien auf einer Vergnügungsfahrt", sagte Arni.

180

„We are in a trip", rief Harald.

„All right! Good night, boys!" schloß nun der Engländer das nächtliche Gespräch.

Er wünscht uns eine gute Nacht", übersetzte unser Dolmetscher. „Good night!" antworteten wir alle im Chor.

„Wißt ihr, was das für ein Schiff ist?" fragte Harald.

„Es ist wahrscheinlich die englische Yacht, die hier schon eine Woche lang auf der Reede liegt. Der Schiffseigentümer selber, ein vornehmer englischer Lord, ist an Bord."

„Dann weiß ich aber noch etwas mehr", bemerkte Harald. „Der Lord ist nicht ein Engländer, sondern ein Ire, und das Schiff kommt nicht aus England, sondern aus Irland!"

„Für uns kommt es aber auf dasselbe hinaus", gab Arni zurück, „denn wir konnten uns ja auf englisch miteinander verständigen."

„Das ist wahr", erwiderte Harald, „aber zwischen Engländern und Iren ist doch ein großer Unterschied."

Unsere Rufe und Gespräche in dem undruchdringlichen Dunkel mußten auf mehreren der fremden Schiffe, die rund um uns herum lagen, vernommen worden sein; denn bald hörten wir auch dänische, französische und englische Zurufe, die von allen Seiten durch die Nacht zu uns drangen.

Es waren kurze Fragen, was da los sei, ob wir Hilfe brauchten.

„Jetzt wollen wir aber keine Gespräche mehr anfangen", meinte Arni, „sondern wir rudern schnell an der irischen Yacht vorbei und dann in einem Bogen wieder dem Ufer zu."

Die vier Ruderer setzten mit voller Kraft ein.

Ich stellte mich wieder mit dem Bootshaken vorn im Kahn auf.

„Kann jemand das irische Schiff sehen?" rief Arni.

„Nein", war die einstimmige Antwort.

„Ich auch nicht", fuhr Arni fort, „aber ich glaube, daß wir gerade jetzt an ihm vorbeifahren."

Kaum hatte er diese Worte ausgesprochen, da geschah etwas Entsetzliches.

Während wir in rascher Fahrt an der irischen Yacht vorbeizufahren glaubten, tauchte auf einmal unmittelbar neben uns eine große, schwarze, drohende Masse auf.

In demselben Augenblick erhielt ich einen heftigen, betäubenden Schlag auf den Kopf. Ich sah tausend Lichter vor meinen Augen tanzen und stürzte kopfüber in das tiefe, kalte Wasser. Ich ahnte es selbst nicht. Nur erinnere ich mich, daß ich trotz des Schlages nicht gänzlich die Besinnung verlor, sondern mir klar und deutlich bewußt war, daß ich tief ins Meer hinuntersank.

Dabei fühlte ich einen heftigen Schmerz am Kopf.

Ich wollte Luft schöpfen, aber statt Luft strömte das salzige Meerwasser in meinen Mund.

Mit Macht überfiel mich die Angst zu ersticken.

Sofort versuchte ich, wieder an die Wasseroberfläche zu kommen.

Luft! Luft! Nur dieses eine verlangte ich mit aller Kraft, die ich noch besaß. Luft und wieder Luft, und nichts anderes als Luft...

Wie ein Wahnsinniger strengte ich mich an, nach oben zu kommen. Ein Kampf auf Leben und Tod.

Die Kräfte schwanden. Jetzt war ich verloren – ich fühlte es – ich konnte nicht mehr – ich ersticke...

Da stieß ich gegen einen harten Gegenstand. Ich griff danach – es war eine eiserne Kette.

Zuerst wollte ich mich daran festhalten, was für mich den sicheren Tod bedeutet hätte, aber unwillkürlich arbeitete ich mich an der Kette in die Höhe, und nach ein paar Griffen tauchte ich aus dem Wasser empor.

Ich war gerettet, aber dem Tode nah vor Ermattung und Schwäche. Ein Strom salzigen Meerwassers ergoß sich aus meinem Munde, und die belebende Luft strömte wieder in meine Brust hinein – ein unbeschreibliches Wonnegefühl.

Ich kam wieder zu mir selbst und öffnete die Augen. Das erste, was ich sah, war ein helles Leuchten des Wassers vor mir. Gleichzeitig drangen Angst- und Hilferufe an mein Ohr.

Ich befand mich immer noch wie in einem Traum und konnte keinen Laut von mir geben.

Ein Gefühl der Dankbarkeit durchfuhr mich. „Mein Gott, ich danke dir, daß du mich vom Ertrinken errettet hast!" klang es in meinem Innern.

Nach und nach kam ich durch das Ein- und Ausatmen der Luft wieder zur vollen Besinnung. Langsam konnte ich die Rufe meiner Freunde verstehen, doch sprechen konnte ich noch nicht.

„Hier muß er sein", hörte ich vom Boote her rufen.

„Nein, hier rechts bewegt sich etwas im Wasser – ach, es ist wieder verschwunden!"

Jetzt konnte ich sogar die Stimme meines Freundes Elis unter den vielen anderen Stimmen unterscheiden.

Er rief wiederholt: „Wir müssen zurück! Wir müssen zurück! Gerade am Schiff war es, wo er ins Wasser fiel!"

Die Stimmen kamen näher.

„Wie schrecklich, daß wir ihn nicht finden!" rief Elis aus.

„Aber er kann doch gut schwimmen", bemerkte ein anderer.

„Es ist merkwürdig, daß er einfach nicht an die Oberfläche kommt."

„Es kommt vielleicht daher, daß er einen so fürchterlichen Schlag auf den Kopf bekam, als er gegen den Anker stieß", erwiderte Elis. „Er ist sicher am Kopf verletzt worden."

Nach diesen Worten folgte ein tiefes Schweigen.

Kurz darauf konnte ich erkennen, daß die Matrosen der Yacht mit Laternen in die Schiffsschaluppe stiegen und zu unserem Boot ruderten.

Da versuchte ich, mit aller Kraft zu rufen.

„Hilfe! Hilfe! Hier bin ich!" rief ich, so laut ich konnte.

Sie mußten mich gehört haben, denn eine helle Stimme drang zu mir herüber: „Am Schiff! Am Schiff! Er ist vorn am Schiff!"

„Hier! Hier!" rief ich weiter, und rasch stießen beide Boote auf mich zu.

Alle riefen durcheinander: „Nonni! Nonni! Wo bist du?"

„Hier bin ich! Hier bin ich!" wiederholte ich immerfort.

Da nur mein Kopf aus dem Wasser hervorsah, war es schwer, mich zu entdecken.

Die Matrosen waren die ersten, die mich fanden. Sofort wurde ich von kräftigen Armen gefaßt und in die Schiffsschaluppe hinaufgehoben.

Hier empfing mich Harald, der offenbar schon umgestiegen

war, um den Matrosen alles mit seinem Englisch besser erklären zu können.

So konnte er mir auch übersetzen, was die Matrosen beruhigend zu mir sagten.

„Sie wollen dir helfen, Nonni. Du sollst keine Angst haben", verdolmetschte Harald.

Nun schoben die Matrosen die Schaluppe an die Falltreppe und banden sie dort fest, worauf einer von ihnen mich an Bord trug.

„Wir gehen alle hinauf und bleiben bei Nonni, bis er wieder zu Kräften gekommen ist", hörte ich Elis sagen. Die Matrosen lachten und erklärten ihnen, sie dürften mitkommen. So stiegen alle isländischen Jungen in die Schaluppe über, machten das Boot am Schiff fest und kamen über die Falltreppe an Bord.

Hier waren inzwischen mehrere Laternen angezündet worden. Ich befand mich noch immer auf den Armen des Matrosen, der mich die Treppe hinaufgetragen hatte. Plötzlich schrie Elis, der dicht neben mir stand:

„Er ist ganz blutig am Kopf!"

Die Matrosen untersuchten sorgfältig beim Schein einer Laterne die Wunde und sprachen einige Augenblicke miteinander. Dann lief einer von ihnen fort. Kurz darauf kam er mit einem vornehm gekleideten Herrn, dem Lord, zurück.

Der Matrose, der mich immer noch in den Armen hielt, ging ihm entgegen und zeigte ihm die Wunde an meinem Kopf.

Der Lord schaute mich aufmerksam an und stellte dem Matrosen einige Fragen. Darauf sagte er etwas in befehlendem Ton, klopfte mir freundlich auf die Schulter und ging wieder weg.

Nun trug mich der Matrose eine Treppe hinunter in einen prachtvollen Salon. Alle meine isländischen Freunde folgten mir.

In dem Salon wurde eine große Lampe, die in der Mitte des Raumes hing, angezündet. Erstaunt blickten wir uns um. So hatten wir uns einen Schiffssalon nicht vorgestellt!

An den Wänden waren Nischen, in denen Betten mit purpurfarbenen Decken standen. Stühle und kleine Tische aus feinstem Mahagoniholz standen in der Mitte des Raumes.

Nachdem ein Matrose eine wollene Decke über eine der samtbezogenen Bänke gebreitet hatte, legte man mich vorsichtig darauf nieder.

Die nassen Kleider wurden mir ausgezogen, gewärmte Schlafsachen angezogen, und dann brachte man mich in eins der Betten, das von einem Matrosen in der Zwischenzeit zurechtgemacht worden war.

Kaum hatte ich mich ausgestreckt, öffnete sich die Tür und ein kleiner Küchenjunge kam in den Raum. Er reichte mir eine dampfende Tasse. Als ich das warme, wohlschmeckende Getränk getrunken hatte, fühlte ich mich viel wohler.

Kurz darauf ging die Tür wieder auf, und ein feingekleideter Herr trat herein. Er fühlte meinen Puls, legte sein Ohr an meine Brust, um meinen Herzschlag zu beobachten.

Dann schaute er nach meiner Kopfwunde und verband sie. Darauf schüttelte er mir die Hand und ging wieder hinaus.

Sofort drängten sich all meine Freunde, die die ganze Zeit über gespannt alles verfolgt hatten, an mein Bett und fragten besorgt, wie es mir gehe.

„Ganz gut!" erwiderte ich ihnen, „nur bin ich etwas schwach. Aber sagt mir, wie kam es, daß ich so plötzlich ins Wasser fiel? Und von wem bekam ich den fürchterlichen Schlag auf den Kopf?"

Arni antwortete:

„Das ging so zu, Nonni. Du standest aufrecht vorn im Kahn mit dem Bootshaken in der Hand. Als wir an der Yacht vorbeiruderten, stießest du an den Reserveanker des Schiffes, der dicht über dem Wasserspiegel hing. Du wurdest sofort umgeworfen, und statt rückwärts in den Kahn zu fallen, stürztest du unglücklicherweise seitwärts ins Meer."

Kaum hatte Arni seinen Bericht gegeben, da trat ein Matrose zu Harald und sagte ihm etwas.

Harald übersetzte uns:

„Nonni braucht jetzt Ruhe. Deshalb sollen wir nach Hause rudern und seinen Eltern von dem Vorfall erzählen und sie benachrichtigen, daß Nonni auf dem irischen Schiff außer Gefahr ist. Morgen wird er auf einer Schiffsschaluppe nach Hause gebracht."

186

Nun nahmen meine Freunde von mir Abschied, nur Harald fragte den Matrosen, ob er bei mir bleiben dürfe.

Der Matrose überlegte einen Augenblick und schien seine Zustimmung gegeben zu haben, denn Harald kam freudestrahlend auf mich zu, als die anderen zur Tür gingen.

„Grüßt meine Eltern und sagt ihnen, daß es mir gut geht", rief ich ihnen nach.

„Das werden wir tun!" riefen sie zurück. „Gute Besserung und auf Wiedersehen!"

Dann verließen sie unser prachtvolles Schlafgemach und gingen auf Deck. Harald und ich hörten, wie sie bald darauf die Falltreppe hinunterstiegen und fortruderten.

Harald setzte sich auf meine Bettkante und schaute mich teilnahmsvoll an. Ich nahm seine Hand und sagte dankbar: „Es ist schön, daß du bei mir geblieben bist!"

„Ich konnte nicht anders, Nonni. Durch mich kannst du dich doch besser verständigen!"

Während wir so einander erzählten, ging die Tür auf, und der Küchenjunge trat herein. Er trug auf einer zierlichen Platte ein Abendessen für uns beide. Er nickte uns freundlich zu, stellte die Speisen auf den Tisch und breitete auf meinem Bett ein großes weißes Tuch vor mir aus. Dann brachte er mir die Speisen ans Bett und ging wieder hinaus.

Als wir mit Essen fertig waren, kam der kleine Ire wieder und räumte ab. Darauf machte er eins der Betten für Harald fertig und wünschte uns eine gute Nacht.

Kurz darauf wurde leise angeklopft. Wir riefen beide: „Herein!"

Die Tür ging langsam auf, und der Besitzer des schönen Schiffes, der irische Lord, trat herein. Er kam rasch auf uns zu, wechselte einige Worte mit Harald und wünschte uns eine gute Nacht.

Als er wieder fortgegangen war, beteten wir ein kurzes Abendgebet, in dem ich Gott aus tiefstem Herzen für meine Rettung dankte und ihn bat, meine Eltern und Geschwister zu trösten. Dann sank ich in tiefen Schlaf und erwachte erst, als andern Morgens die Tür aufging und es laut und frisch in unseren Raum tönte:

„Good morning, boys – guten Morgen, Jungen!"
Oben auf dem Deck mußte viel Leben und große Bewegung
sein, denn wir hörten deutlich, daß viele Menschen über unse-
ren Köpfen auf und ab gingen.
Der Besucher aber, der die Tür aufgemacht und uns guten
Morgen gewünscht hatte, war kein geringerer als der Lord.
Mit ihm kam der Mann, der mich am Abend verbunden hatte.
Dieser schaute mich prüfend an, löste die Kopfbinde und un-
tersuchte meine Wunde.
Als er mit dem Finger darauf drückte, tat es mir nur mäßig weh.
Dann band er mir das weiße Tuch wieder um meinen Kopf.
In der Zwischenzeit hatte der Lord mit Harald gesprochen, und
Harald übersetzte mir nun:
„Nonni, deine Mutter und deine Geschwister sind an Bord, um
dich abzuholen. Gleich werden sie hier sein."
Voller Freude richtete ich mich im Bett auf und dankte dem
Lord.
Dieser nickte mir freundlich zu, und dann verließen beide
Männer den Raum.
Bald ertönten viele Schritte von der Treppe her. Die Schritte
kamen näher und näher. Wir hörten nicht nur Stimmen von
Erwachsenen, sondern auch von vielen Kindern.
„Sind das etwa unsere Freunde, die auch mitgekommen sind?"
rief Harald aus.
„Ich glaube fast", erwiderte ich.
Wir hatten uns nicht getäuscht. Als die Tür aufgemacht wurde,
trat zuerst meine Mutter herein. Hinter ihr kamen der Lord,
meine Schwester Bogga und mein Bruder Manni. Hinter ihnen
drängten sich all unsere Freunde, die bei der verunglückten
Ruderfahrt mit dabeigewesen waren, Arni wie immer an der
Spitze.
Meine Mutter warf mir sofort einen liebevollen Blick zu, kam
aber nicht zuerst zu mir, sondern ging zu Harald.
Als sie an sein Bett gekommen war, nahm sie seine Hände,
drückte sie und sagte zu ihm:
„Mein lieber Harald, wie bin ich dir dankbar, daß du bei Nonni
geblieben bist! Ich habe schon mit deiner Mutter gesprochen.
Sie konnte nicht mit an Bord kommen, läßt dir aber sagen, daß

188

sie mit deinem Entschluß einverstanden ist." Dann drückte sie Harald einen Kuß auf die Stirn.

Während meine Mutter mit Harald sprach, kam Manni zu mir gerannt, umarmte mich stürmisch.

„Lieber Nonni!" wiederholte er immer wieder. „Wie bin ich froh, daß du nicht ertrunken bist!"

„Ja, Manni, ich war ganz nah daran", erwiderte ich leise.

In diesem Moment kam die Mutter an mein Bett. Sie warf einen besorgten Blick auf meinen verbundenen Kopf.

„Tut dir der Kopf weh, Nonni?"

„Nein, Mutter, fast gar nicht mehr."

„Wie fühlst du dich sonst?"

„Ich fühle mich ganz gesund. Es fehlt mir gar nichts mehr, Mutter. Ich bin nur ganz kurze Zeit unter Wasser gewesen."

Für einen Augenblick fuhr meine Mutter zusammen, faßte sich aber sogleich und sagte ganz ruhig:

„Ja, ich weiß es, Nonni. Arni hat mir alles erzählt."

Hier entstand eine Pause. Meine Mutter schaute mich liebevoll, aber besorgt an.

„Du brauchst keine Angst um mich zu haben, liebe Mutter", sagte ich.

„Das habe ich auch gar nicht mehr. Gott hat seine Hand über dich gehalten – aber beinahe hätte ich dich verloren", fügte sie leise hinzu.

Jetzt führte der Lord auch meine Schwester Bogga an mein Bett. Sie fiel mir zärtlich um den Hals.

„Wie bin ich froh, daß du so gut davongekommen bist! Aber du darfst nie mehr im Dunkeln auf das Meer rudern!" Nun schlug der Lord vor, daß alle an Deck gehen sollten, damit sich Harald und ich fertigmachen konnten. Nachher werde noch für alle ein Frühstück im Speisesaal des Schiffes aufgetragen.

Meine Mutter half mir beim Waschen und Ankleiden, denn wegen meiner Wunde konnte ich das nicht so gut allein.

Dann gingen auch wir an Deck.

Bald erschien der gastfreundliche Lord und führte uns hinunter in einen prachtvollen Speisesaal. Wir setzten uns an einen reichgedeckten Tisch. Es standen darauf große Kannen voll Schokolade, Brot, Butter und viel Kuchen.

Mit großem Vergnügen ließen wir uns bewirten.

Als wir fertig waren, hielt unser freundlicher Gastgeber eine kurze Rede, die uns Harald ins Isländische übersetzte.

Er sagte unter anderem, daß es ihm viel Freude gemacht habe, uns zu helfen und nun auch bewirten zu können. Wir seien alle willkommen an Bord, sooft wir auf das Schiff kommen wollten. Als er fertig war, klatschten wir alle voller Begeisterung. Dann gingen wir wieder an Deck.

Der Lord gab die Anweisung, daß wir auf der großen Dampfschaluppe des Schiffes nach Hause gebracht werden sollten.

Das Boot Arnis, das an der Fallreeptreppe angebunden war, sollte von der Schaluppe ins Schlepptau genommen werden.

Wir verabschiedeten uns alle von dem Lord, und meine Mutter dankte ihm herzlich für seine Hilfe.

Arnis Kahn wurde von den Matrosen durch ein starkes Tau hinten an die Schaluppe festgebunden. Dann setzten sich die beiden Fahrzeuge in Bewegung.

Als wir uns vom Schiff entfernten, riefen wir alle noch einmal „Hurra!" und schwenkten unsere Mützen zum Abschied.

Dann sauste die Schaluppe so rasch vorwärts, daß der weiße Schaum vor dem Bug hoch in die Luft spritzte.

Der Lord hatte befohlen, die Boote bis vor das Haus meiner Mutter zu bringen. Jetzt konnte man dort mit Leichtigkeit landen, denn es war Flutzeit und das Wasser stand hoch.

Als wir das Ufer erreicht hatten, sprangen die Matrosen heraus und halfen meiner Mutter an Land steigen.

Ohne Hilfe sprangen wir Kinder heraus.

Dann nahmen die Matrosen herzlich Abschied von uns und fuhren mit der Schaluppe zur Yacht zurück.

Nun sagten auch wir anderen einander „auf Wiedersehen" und gingen nach Hause.

Mein Sturz aus dem Boot hatte für mich keine schlimmen Folgen. Nach kurzer Zeit war meine Wunde vollständig geheilt.

Oft aber dachte ich noch an das seltsame Leuchten des Meeres.